3

ORDONNANCE DU ROI,

PORTANT RÈGLEMENT GÉNÉRAL

Concernant les Hôpitaux militaires.

Du 2 Mai 1781.

A PARIS,

DE L'IMPRIMERIE ROYALE.

M. DCCLXXXI.

TABLE DES TITRES

Contenus dans cette Ordonnance.

ORDONNANCE

ORDONNANCE
DU ROI,

PORTANT RÈGLEMENT GÉNÉRAL,

Concernant les Hôpitaux militaires.

Du 2 Mai 1781.

DE PAR LE ROI.

LE ROI s'étant fait représenter toutes les Ordonnances concernant les Hôpitaux militaires, & voulant fixer les incertitudes qu'elles ont laissé subsister sur plusieurs points, SA MAJESTÉ a jugé à propos de rassembler, en un seul corps, toutes les dispositions, tant anciennes que nouvelles, qui ont été reconnues utiles, & de régler invariablement, en prenant pour base l'Ordonnance de 1747, toutes les

A

parties de cette Administration, par une seule loi qui suppléant toutes celles précédemment rendues sur ce service, dispensât d'y avoir recours désormais : En conséquence, Elle a ordonné & ordonne ce qui suit :

TITRE PREMIER.

De la Réception des Soldats, Cavaliers, Chevaux-légers, Hussards, Dragons, Chasseurs à cheval, &c. dans les Hôpitaux.

ARTICLE PREMIER.

AUCUN Soldat, Cavalier, Chevau-léger, Hussard, Dragon ou Chasseur à cheval, ne sera reçu dans les Hôpitaux militaires, que sur un billet contenant son nom de famille ou de guerre, ses qualités de Sergent, Caporal, Grenadier, Chasseur, Canonnier, Bombardier, Mineur, Ouvrier, Fusilier, Maréchal-des-logis, Brigadier, Carabinier, Cavalier, Chevau-léger, Hussard, Dragon ou Chasseur à cheval ; le lieu de sa naissance, l'Élection, Bailliage, Sénéchaussée ou Châtellenie dans le ressort desquels ledit lieu sera situé : ce billet devra être signé par l'Officier commandant la compagnie, & visé par celui chargé du détail, ainsi que par le Chirurgien-major du régiment, lequel sera tenu d'indiquer sommairement, au dos du billet de chaque homme, la nature de sa maladie.

2.

CES billets seront écrits lisiblement & sans aucune rature, sur les cartouches imprimés, qui seront envoyés

3

pour cet effet, aux régimens, & dont le modèle est annexé à la présente Ordonnance. Il y sera fait mention, en toutes lettres, de la date du jour & du mois auxquels ces billets seront expédiés & délivrés.

TITRE I.er

3.

CHAQUE malade, en entrant à l'Hôpital, sera visité par les Médecin ou Chirurgien-major, & en leur absence par le Chirurgien de garde, lesquels vérifieront la nature de la maladie, & jugeront si le malade est dans le cas d'être admis à l'Hôpital.

4.

D'APRÈS ladite visite, les billets d'entrée seront timbrés, par celui qui l'aura faite, des mots *Fiévreux, Blessé, Vénérien*, suivant la nature de la maladie.

Les billets des entrans seront remis sur le champ au Contrôleur pour être enregistrés, ensuite au Directeur qui les gardera comme pièces justificatives de la réception des malades ; lesdits billets seront visés dans le jour par les Médecin & Chirurgien-major, faute de quoi ils seront rejetés comme nuls.

5.

TOUS les Officiers des Troupes du Roi, les Cadets-gentilshommes, Gardes-du-corps, Chevaux-légers, Gendarmes, & tous autres de la Maison militaire de Sa Majesté, seront reçus dans les Hôpitaux militaires, sur un billet qui sera expédié par le Commissaire des guerres, & remis au Directeur de l'Hôpital.

6.

SERONT reçus dans les Hôpitaux militaires, tous les

A ij

Soldats, Cavaliers, Chevaux-légers, Huffards, Dragons ou Chaffeurs à cheval au fervice du Roi, ainfi que les bas Officiers & Soldats Invalides des compagnies détachées pour la garde des Places, Forts & Citadelles du Royaume, pour être traités, à l'avenir, de toutes maladies de quelque nature qu'elles foient.

7.

LES Soldats de recrue conduits par des Officiers, Sergens ou autres à ce prépofés, feront également reçus dans les Hôpitaux militaires, fur les billets qui leur feront expédiés par les Officiers-conducteurs, Commiffaires des guerres, Majors des Places ou Subdélégués ; lefdits billets feront timbrés du nom des régimens dans lefquels lefdits Soldats, Cavaliers, Chevaux-légers, Huffards, Dragons ou Chaffeurs de recrue devront fervir.

A l'égard des Soldats de recrue qui fe préfenteroient feuls, ils ne feront reçus dans lefdits Hôpitaux que fur le vu du certificat d'engagement dont, en ce cas, ils devront être porteurs. Il fera fait mention dudit certificat fur le billet d'entrée, ainfi que du nom de l'Officier ou bas Officier qui l'aura figné.

Le payement des journées de maladie defdits Soldats de recrue, fera acquitté, conformément à ce qui eft prefcrit en l'article 10 du Titre XXI de la préfente Ordonnance.

8.

DÉFEND Sa Majefté auxdits Commiffaires des guerres, Majors des Places ou Subdélégués, d'expédier aucun billet à tout prétendu Soldat, Cavalier, Chevau-léger, Huffard, Dragon ou Chaffeur à cheval qui fe

5

présentera seul & sans preuve d'engagement; leur enjoint
au contraire de le faire livrer aux Officiers de Maréchauffée, qui l'examineront & en ordonneront, ainfi
que de raifon.

9.

LES Maréchaux-des-logis, Brigadiers & Cavaliers de
Maréchauffée, feront reçus dans les Hôpitaux militaires,
fur un billet d'entrée figné du Commandant de la Brigade.

10.

LES bas Officiers & Soldats des régimens des Gre-
nadiers-royaux & Provinciaux, & les Gardes-côtes, y
feront reçus pareillement, pendant le temps feulement de
l'affemblée des Corps. Il fera expédié, pour les uns &
pour les autres, des billets d'entrée dans la forme prefcrite
ci-deffus pour toutes les Troupes.

11.

DANS le cas où les Troupes en marche laifferoient
en arrière des traîneurs, qui, fe trouvant malades, ne
pourroient prendre de leurs Officiers des billets d'entrée
dans la forme ci-deffus, les Commiffaires des guerres, ou
les Subdélégués des Intendans des Provinces, en l'abfence
des Commiffaires des guerres, ou enfin au défaut de
ces derniers, les Commandans ou Majors des Places dans
lefquelles ou près defquelles lefdites Troupes auront paffé,
expédieront fur les mêmes cartouches qui leur feront
fournis, les billets d'entrée qu'ils figneront pour les Capi-
taines, Majors ou autres Officiers chargés du détail du
régiment, & ils en donneront fur le champ avis à l'un
de ces Officiers.

TITRE I.er

1 2.

A l'égard des Soldats, Cavaliers, Chevaux-légers, Huffards, Dragons ou Chaffeurs à cheval, abfens par congé ou fortant des Hôpitaux, qui tomberont ou retomberont malades avant l'expiration de leurs congés, ou en revenant joindre leur corps, il ne leur fera expédié de billets d'entrée par les Commiffaires des guerres, Majors des Places ou Subdélégués, que fur le vu du congé de femeftre ou limité, ou du certificat de convalefcent dont ils devront être porteurs.

1 3.

Défend Sa Majefté auxdits Commiffaires des guerres, Majors des Places, ou Subdélégués des Intendans, d'expédier aucun billet d'entrée à aucun Soldat, Cavalier, Chevau-léger, Huffard, Dragon ou Chaffeur à cheval, dont la compagnie ne fera point en garnifon dans la Place ou en quartier dans les environs, ou qui n'y aura point paffé en route; à moins que ledit Soldat, Cavalier, &c. ne foit porteur d'un billet de fortie ou d'un congé limité expédié dans la forme prefcrite par les Ordonnances; ce dont ils devront faire mention dans les billets d'entrée qu'ils lui délivreront.

1 4.

Permet néanmoins Sa Majefté d'admettre au traitement, dans les Hôpitaux, tout Soldat réformé fe rendant à l'Hôtel royal des Invalides ou fe retirant chez lui, pendant fix femaines feulement, à compter de la date de fon congé abfolu ou de réforme; & les dépenfes dudit traitement feront portées en entier au compte du Roi; bien entendu que lefdits Soldats réformés qui auront été reçus dans ledit délai, pourront être conservés dans lesdits hôpitaux tout le temps que les Médecins & Chirurgiens-majors jugeront nécessaire de les y faire rester.

15.

LES Invalides partant de l'Hôtel pour se rendre aux compagnies détachées, ou sortant desdites compagnies pour revenir à l'Hôtel, ne jouissant d'aucune solde, seront reçus & traités au compte du Roi.

16.

ENJOINT Sa Majesté aux Commissaires des guerres, Majors des Places ou Subdélégués, de faire arrêter & constituer prisonnier tout Soldat, Cavalier, Chevau-léger, Hussard, Dragon ou Chasseur à cheval, porteur d'un congé limité, expiré depuis un temps assez considérable, pour le faire présumer libertin, vagabond ou déserteur ; comme aussi tout Soldat, Cavalier, Chevau-léger, Hussard, Dragon ou Chasseur à cheval, porteur d'un billet de sortie d'un Hôpital, d'ancienne date, & qui ne se trouvera pas sur la route dudit Hôpital pour aller rejoindre son corps ; sauf le cas néanmoins où ledit Soldat, Cavalier, Chevau-léger, Hussard, Dragon ou Chasseur à cheval, justifieroit d'une excuse légitime, soit par écrit, soit par le témoignage de gens non suspects.

17.

ENJOINT pareillement Sa Majesté auxdits Commissaires des guerres, Majors des Places ou Subdélégués, de faire arrêter tous Soldats, Cavaliers, Chevaux-légers, Hussards, Dragons ou Chasseurs à cheval, dont les régimens auront passé sur la route, & qui se trouveront en arrière de plus de trois jours, sauf le cas d'une excuse légitime justifiée comme dessus.

18.

LESDITS Commissaires des guerres, Majors des Places & Subdélégués qui auront fait arrêter un ou plusieurs Soldats, Cavaliers, Chevaux-légers, Hussards, Dragons ou Chasseurs à cheval, dans les cas exprimés dans les deux articles précédens, en donneront avis sur le champ au Commandant de la Province, & au Secrétaire d'État ayant le département de la Guerre.

19.

LE jour d'une bataille, la formalité des billets n'étant pas compatible avec la célérité qu'exige le service, les Soldats, Cavaliers, Chevaux-légers, Hussards, Dragons ou Chasseurs blessés, seront envoyés & reçus dans l'Hôpital ambulant de l'armée, ainsi que dans les plus prochains, sans billet; mais dans le cours de la huitaine suivante, chaque corps ou régiment sera tenu de députer un Officier pour aller dans lesdits hôpitaux reconnoître lesdits Soldats, Cavaliers, &c. qui y auront été transportés; & pour lors, ledit Officier député expédiera le billet de chaque Soldat, Cavalier, Chevau-léger, Hussard, Dragon ou Chasseur à cheval; dans lequel billet il sera mention de la date de l'action, & signera en sa qualité de Député.

20.

FAUTE par les corps ou régimens d'avoir fait expédier par l'Officier député, les billets d'entrée dans la huitaine, les Officiers desdits corps ou régimens en demeureront responsables en leur nom, & le traitement en entier des
Soldats,

Soldats, Cavaliers, Chevaux-légers, Huſſards, Dragons
ou Chaſſeurs à cheval, leur ſera retenu.

21.

LES priſonniers de guerre, malades ou bleſſés qui ſeront
envoyés dans les Hôpitaux du Roi, y ſeront reçus ſur un
état contenant, autant que ſaire ſe pourra, les noms des
régimens & des compagnies, les noms de famille & de
guerre, avec les qualités & les lieux de la naiſſance : cet
état ſera ſait par le Commiſſaire des guerres, en préſence
du Major de la Place, qui le ſignera, & auquel il en
ſera remis un double, s'il le requiert. Au bas de cet état
ledit Commiſſaire expédiera l'ordre au Directeur de recevoir
leſdits priſonniers dans l'hôpital, & ledit état tiendra lieu
de billets d'entrée.

22.

LES priſonniers à la garde du Prévôt de l'armée, ſeront
auſſi reçus dans les Hôpitaux du Roi, ſur le billet dudit
Prévôt, qui ſera viſé par le Contrôleur, & enſuite remis
au Directeur pour le garder & ſervir de pièce juſtificative
de l'entrée deſdits priſonniers à l'Hôpital.

23.

LES priſonniers de guerre, ainſi que ceux qui ſeront
conduits aux Hôpitaux, ſur les billets du Prévôt, ſeront
conſignés à la garde de l'hôpital ; & l'Officier qui la commandera, mettra des ſentinelles dans les ſalles, autant qu'il
en ſera beſoin.

B

TITRE II.

Du transport des Malades & Blessés d'un Hôpital dans un autre.

ARTICLE PREMIER.

LORSQUE les malades d'un Hôpital surchargé, seront envoyés dans un autre Hôpital, le Directeur de l'Hôpital d'où ils sortiront fera passer avec eux, au Directeur de l'Hôpital où ils seront transférés, un état contenant le nom de leur régiment, celui de leur compagnie, leurs qualités, leurs noms de famille & de guerre, les lieux de leur naissance, les Élections, Bailliages, Sénéchaussées & Châtellenies dans le ressort desquels lesdits lieux sont situés, & la date de leur entrée, conformément aux billets de leur réception : cet état sera visé par le Commissaire des guerres, & contrôlé par le Contrôleur, s'il y en a.

2.

LE Directeur, en expédiant l'état de transport ou évacuation ci-dessus, fera mention sur le registre des entrées à l'Hôpital, de la sortie des malades ou blessés qui auront été transférés, & de l'Hôpital où ils auront passé; au moyen de quoi les Officiers seront instruits, quand ils le requerront, de ce que seront devenus leurs Soldats.

3.

L'ÉTAT d'évacuation tiendra lieu de billets d'entrée dans l'Hôpital où les malades auront été transférés, après

néanmoins qu'il aura été vérifié par le Commiſſaire des
guerres dudit Hôpital, & contrôlé par le Contrôleur, s'il
y en a; leſquels feront mention au bas dudit état, des
malades ou bleſſés qui ſe feroient échappés ou qui feroient
morts pendant la route, ſuivant la déclaration de ceux qui
les auront conduits : cet état ſera remis enſuite au Directeur, pour être par lui enregiſtré & gardé comme pièce
juſtificative de l'entrée des Soldats, Cavaliers, Chevaux-
légers, Huſſards, Dragons ou Chaſſeurs à cheval.

4.

L'ÉVACUATION des malades ou bleſſés d'un Hôpital
dans un autre, ne ſera ordonnée que dans le cas d'une
néceſſité abſolue; on n'y comprendra que les malades ou
bleſſés qui feront en état de foutenir la fatigue du chemin,
ou le mouvement du tranſport; ils feront choiſis à cet
effet, par les Médecin & Chirurgien-major, d'après les
ordres qu'ils auront reçus du Commiſſaire des guerres.

5.

IL ne ſera fait aucun envoi de malades ou bleſſés
d'un Hôpital dans un autre, que préalablement le Commiſ-
faire des guerres & le Contrôleur de l'Hôpital où leſdits
malades ou bleſſés devront paſſer, n'en aient été avertis,
en obſervant de leur donner un temps ſuffiſant pour qu'ils
puiſſent faire préparer tout ce qui eſt néceſſaire pour les
recevoir; & conformément à l'article 25 du titre VIII
ſuivant, envoyer vers le milieu de la route, la halte en
bouillon, boiſſon & alimens.

6.

CHAQUE envoi de malades ou bleſſés ſera toujours
accompagné d'une quantité de Chirurgiens & Infirmiers

proportionnée à leur nombre, afin qu'ils puissent recevoir en chemin les secours dont ils auront besoin.

TITRE III.

De l'Armement, Habits, Argent & autres Effets des Malades, à leur entrée ou sortie des Hôpitaux.

ARTICLE PREMIER.

LE Directeur de chaque Hôpital, en présence du Contrôleur ou du Commis aux salles, fera un mémoire des armes, habit, argent, effets que chaque Soldat, Cavalier, Chevau-léger, Huffard, Dragon ou Chaffeur à cheval, aura apportés à l'Hôpital : ce mémoire qui contiendra la date du jour de l'entrée, sera signé par le Contrôleur ou Commis aux salles, & sera fait double ; dont l'un demeurera attaché auxdits effets, pour servir d'étiquette dans le magasin où ils seront déposés ; l'autre sera remis audit malade, pour retirer à sa sortie ce qu'il aura apporté, ou servira à en constater l'objet s'il vient à mourir.

2.

EN cas de plainte de la part du Soldat, Cavalier, Chevau-léger, Huffard, Dragon ou Chaffeur, de la rétention des effets par lui apportés, le Commissaire des guerres lui fera rendre justice.

3.

IL sera permis à chaque Soldat, Cavalier, Chevau-

léger, Huffard, Dragon ou Chaffeur, de garder dans les
falles ce qu'il jugera lui être néceffaire, à l'exception néanmoins des armes & de l'argent monnoyé; & en ce cas,
il en fera fait mention fur l'un & l'autre mémoires.

4.

AUSSI-TÔT que le Contrôleur ou Commis aux falles
aura connoiffance de la mort de quelque Soldat, Cavalier, &c. il fe fera fur le champ repréfenter par l'Infirmier, le mémoire & les effets que ledit Soldat avoit
gardés pour fon ufage, & il les fera rejoindre aux autres
dans le magafin à ce deftiné.

5.

LES Infirmiers demeureront refponfables des effets
gardés par les malades pour leur ufage, lefquels fe trouveroient avoir été détournés; le Contrôleur ou le Commis
aux falles en rendra compte au Commiffaire des guerres,
pour les faire punir fuivant l'exigence des cas.

6.

LE Contrôleur ou Commis aux falles, dans l'inftant
de la remife faite par l'Infirmier, du mémoire d'armes,
argent & effets appartenans au Soldat, Cavalier, Chevau-léger, Huffard, Dragon ou Chaffeur décédé, ainfi
que des autres effets trouvés près de lui, écrira fur ledit
mémoire le jour de la mort, & le remettra au Commiffaire des guerres qui l'enverra au régiment, pour en
inftruire les Chefs.

7.

L'ARMEMENT, habillement, argent ou autres effets
appartenans aux Soldats décédés, feront remis, fur les

ordres du Commissaire des guerres, à ceux qui seront chargés par les Régimens, de représenter les mémoires signés par les Directeurs, & ce, dans l'an & jour de la date desdits mémoires, passé lequel temps ils demeureront nuls, & le Commissaire des guerres ayant la police de l'Hôpital, rendra compte des effets qui n'auroient point été réclamés, à l'Intendant de la Province, qui lui fera connoître les intentions du Roi, sur la destination des armes & effets.

TITRE IV.

De la distribution des Malades dans les salles des Hôpitaux

ARTICLE PREMIER.

IL sera désigné dans chaque Hôpital, suivant la disposition des lieux, différentes salles pour y traiter les différentes espèces de maladies, en observant que celles qui seront affectées aux maladies contagieuses & aux maux vénériens, soient sans communication avec les autres, ou au moins en soient le plus éloignées; ce qui se pratiquera pour les Hôpitaux qui s'établissent à la suite des Armées, autant qu'il sera possible.

2.

POUR prévenir la communication des maladies contagieuses, le Médecin chargera le Chirurgien de garde, de placer ceux qui en sont attaqués, chacun dans le lieu qui lui conviendra, suivant l'espèce de sa maladie; & au

cas que lors de la viſite, il reconnût que quelque malade
eût été mal placé, il le fera paſſer ſur le champ, dans
le lieu où il auroit dû être mis.

3.

LE Médecin n'admettra, ni ne ſouffrira pareillement,
parmi les malades ſoumis à ſon traitement, aucun de
ceux attaqués de mal vénérien; il les renverra au Chirurgien-major pour en faire la viſite, & les faire placer dans
les lieux à eux affectés.

4.

LES Officiers & ceux traités comme tels, de même
que les Cadets - gentilshommes, ſeront placés dans les
ſalles particulières qui leur ſeront deſtinées.

5.

LES lits, dans chacune des ſalles, ſeront numérotés,
pour la facilité des viſites des Médecins, Chirurgiens-
majors & Apothicaires, ainſi que pour la diſtribution des
alimens & médicamens.

6.

TOUS les malades, ſans exception, ſeront couchés
ſeuls, juſqu'à concurrence du nombre de lits fixé pour
chaque hôpital; en conſéquence, il ne ſera plus permis,
excepté dans les cas de foule, de coucher deux malades
dans le même lit; & ſi l'on y étoit forcé par l'affluence
des malades, le doublement devra ſe faire ſucceſſivement
par les malades qui pourroient être couchés deux à deux,
avec le moins d'inconvéniens. Mais, dans tous les cas,
les bleſſés, & notamment les bleſſés de grandes bleſſures,
ſeront toujours couchés ſeuls, & même en temps de

guerre, fur des fournitures entières, autant qu'il fera poffible.

TITRE V.

Des vifites des Médecin & Chirurgien-major.

ARTICLE PREMIER.

LES vifites des Médecins fe feront régulièrement à fept heures du matin, du 1.er Octobre au 1.er Mai; ou plus tôt, fi le nombre des malades l'exige, pour que la diftribution des remèdes fe faffe toujours au moins une heure avant celle des alimens. Le Chirurgien-major fera fon panfement un peu avant la vifite du Médecin, afin que s'il y avoit quelque cas grave, comme fièvre & maladie chronique, ils puffent en conférer enfemble & agir, en tout, pour le bien du fervice. Les uns & les autres feront leur feconde vifite à quatre heures de l'après-midi.

2.

INDÉPENDAMMENT des vifites du matin & du foir, veut Sa Majefté qu'ils en faffent d'autres, toutes les fois que la gravité des maladies ou des bleffures l'exigera. En conféquence Elle ordonne au Chirurgien de garde, dans tous les cas graves & périlleux, de faire avertir les Officiers de fanté fupérieurs, pour qu'ils fe rendent à l'Hôpital, fans retard, à l'effet de donner à ces malades & bleffés tous les fecours dont l'application différée pourroit entraîner des fuites fâcheufes.

3.

LES Médecin & Chirurgien-major feront devancés

à

à l'Hôpital par les Chirurgiens & Apothicaires-élèves, qui
s'y rendront, avant la visite du matin, pour préparer les
cahiers de celle du jour, par ordre de numéro & par nom
des malades qui occuperont chaque lit : ces cahiers, sur
lesquels lesdits Élèves devront écrire, sous la dictée des
Médecin & Chirurgien-major, la formule de leurs
ordonnances seront de douze feuilles de papier, liées,
dans les grands Hôpitaux, & de six feuilles seulement dans
les autres.

4.

LES Médecin & Chirurgien-major auront toujours
devant les yeux, en faisant leur visite, le cahier de celle
du jour précédent (indépendamment du tableau, dont
il sera parlé ci-après), afin d'observer plus sûrement si le
malade ou blessé aura été traité, tant pour les alimens
que pour les remèdes, comme il avoit été ordonné, &
pour juger de leur effet.

5.

POUR faciliter lesdites visites des Médecin & Chirurgien-major, il sera attaché au lit de chaque malade
un tableau, dont le modèle est ci-annexé, contenant en
titre le numéro du lit, le nom du malade, le genre &
l'époque de sa maladie & le jour de son entrée à l'Hôpital :
ce tableau sera divisé en plusieurs colonnes, dans lesquelles
les Officiers de santé, ou les Élèves sous leurs ordres, porteront, chaque jour, les alimens & médicamens ordonnés,
ainsi que les symptômes & variations de la maladie.

6.

LORSQUE ce tableau, destiné à mettre journellement
sous les yeux des Officiers de santé, l'état de chaque

C

TITRE V. malade, le cours de sa maladie & le détail des moyens curatifs qui auront été successivement employés, sera rempli avant la guérison, il y sera suppléé par un tableau pareil, & par d'autres encore s'il en est besoin, jusqu'à la sortie du malade, de l'Hôpital ; & ces tableaux resteront à la disposition du Contrôleur ou du Directeur, pour être représentés à qui il appartiendra.

7.

LE Médecin sera accompagné, lors de sa visite, d'un Élève-chirurgien, qui lui rendra compte des cas relatifs à la Chirurgie, & écrira, sur son cahier, les saignées ou topiques qui seront ordonnés, & le régime qui sera prescrit.

8.

IL sera pareillement suivi d'un Apothicaire, qui lui rendra raison des effets des remèdes ordonnés précédemment, de l'administration desquels il aura été particulièrement chargé; cet Apothicaire écrira sur son cahier les ordonnances du Médecin.

9.

L'INFIRMIER de garde & celui de chaque quartier suivront aussi, pour recevoir les ordres du Médecin, concernant les malades.

10.

LE Chirurgien-major visitera les blessés, immédiatement après le pansement, afin que l'idée plus récente de l'état où il aura trouvé leurs blessures, lui serve à régler ensuite plus judicieusement la qualité & quantité des alimens, & à ordonner les remèdes convenables & nécessaires. Il sera accompagné, de même que le Médecin, par

un Élève-chirurgien, & par un Apothicaire qui écriront
ses ordonnances, lit par lit, & blessé par blessé, & suivi
par les Infirmiers de garde & de quartier, qui recevront
ses ordres.

I I.

LES Médecin & Chirurgien-major, signeront & date-
ront journellement leurs visites sur les cahiers que tiendront les Élèves-chirurgiens & Apothicaires.

I 2.

AUSSI-TÔT que les visites seront finies, les Élèves qui
les auront suivies, se rassembleront en présence des Médecin & Chirurgien-major, pour collationner le cahier
écrit par l'un, sur celui écrit par l'autre. L'Élève-chirurgien fera un relevé des ordonnances concernant le
régime, conformément à l'article 5 du titre VIII;
après l'avoir signé, il le remettra au Directeur, pour
qu'il veille à leur exacte observation; l'Apothicaire ira
de son côté porter son cahier à la Pharmacie, où les
remèdes ordonnés seront préparés pour être ensuite distri-
bués dans les salles.

I 3.

LORSQUE les cahiers de visite seront remplis, ils seront
remis tant par le Chirurgien que par l'Apothicaire, au
Directeur, qui les conservera pour les représenter au
besoin.

I 4.

ATTENDU qu'il n'appartient qu'au Médecin & au
Chirurgien-major, de régler les médicamens & le régime
des malades ou blessés, chacun en ce qui les concerne:
Défend Sa Majesté à toutes personnes, même aux

C ij

Officiers de ses Troupes, de s'opposer à l'exécution des ordonnances desdits Médecin & Chirurgien-major, ni de prescrire rien de leur propre mouvement sur ce service.

TITRE VI.

Des Opérations & Pansemens.

ARTICLE PREMIER.

LE Chirurgien-major fera toutes les opérations de conséquence, sans les confier à ses Élèves, & s'il leur arrivoit d'en faire quelques-unes de cette espèce, ou de changer aucun remède ou régime, de leur autorité ou sans ordre, ils feront fur le champ privés de leur emploi.

2.

LES Chirurgiens-majors pourront néanmoins, de l'agrément du Commissaire des guerres, permettre aux Aides-majors-chirurgiens, ou Sous-aides-majors, de faire, mais toujours sous leurs yeux, les opérations dont ils les jugeront capables.

3.

LE Médecin fera averti par le Chirurgien-major, pour affister à toutes les grandes opérations de Chirurgie, de même que de sa part le Médecin avertira ledit Chirurgien-major, dans les cas qui le requerront, & ils se concerteront ensemble, sur tout ce qui sera relatif au soulagement & à la guérison des malades & blessés.

4.

LE Chirurgien-major pansera ou fera panser les blessés,

autant de fois qu'il fera néceffaire; il tiendra la main à ce
que les panfemens ne foient commencés, que lorfque tous
fes appareils feront prêts, afin de ne point expofer les
plaies & ulcères à l'impreffion de l'air; il aura foin de
faire brûler du genièvre ou autres parfums, devant &
pendant le panfement.

5.

LES Élèves-chirurgiens qui fuivront les panfemens &
vifites des Chirurgiens-majors, auront foin de tenir leurs
appareils prêts & fuffifamment garnis de bandes, compreffes
& onguens ufuels, le tout dans la plus grande propreté;
& l'Aide-major, le Sous-aide-major ou le premier Élève,
fera fpécialement chargé de veiller à ce que les appareils
foient toujours difpofés, dès la veille, pour fervir au moment
du befoin, ce dont ils répondront perfonnellement.

6.

FAIT Sa Majefté très-expreffes inhibitions & défenfes
aux Directeurs de fes Hôpitaux, de fournir pour le panfement de quelque bleffure que ce puiffe être, ou pour
les compofitions de médicamens, aucunes eaux-de-vie de
grain, à peine de quinze cents livres d'amende, & de punition exemplaire en cas de récidive : défend pareillement
aux Chirurgiens & Apothicaires de s'en fervir, à peine de
deftitution de leur emploi; leur enjoint, au cas qu'on leur
en préfente, d'en avertir fur le champ le Commiffaire des
guerres, afin qu'il en dreffe fon procès-verbal; & audit
Commiffaire des guerres, d'envoyer ledit procès-verbal
au Secrétaire d'État ayant le département de la Guerre, &
à l'Intendant de la Province, pour y ftatuer ainfi qu'au cas
appartiendra.

TITRE VII.

Des Amphithéâtres & Cours de Médecine & de Chirurgie dans les principaux Hôpitaux.

ARTICLE PREMIER.

LES Amphithéâtres de Lille, Metz & Strasbourg n'ayant été supprimés, que parce qu'il avoit été représenté qu'ils étoient insuffisans pour l'objet de leur destination, Sa Majesté a reconnu que, soit en leur donnant plus d'étendue, soit en augmentant leur nombre, de même que celui de Sujets qui y seroient admis à l'avenir, Elle trouveroit dans cette institution tous les avantages qu'Elle en attendoit. En conséquence, Elle a jugé à propos de rétablir les Amphithéâtres de Lille, Metz & Strasbourg, & d'en établir deux nouveaux, l'un à Brest & l'autre à Toulon ; voulant qu'ils soient dirigés conformément au Règlement de ce jour, où Elle a prescrit tout ce qui les concerne.

2.

IL sera fait chaque année, dans lesdits Amphithéâtres, des Cours de Médecine, Chirurgie, Anatomie, Pharmacie, Chimie & Botanique ; & l'objet de ces établissemens étant de former des Sujets instruits pour le service des Hôpitaux militaires & des Armées, veut Sa Majesté que toutes les places vacantes de Médecins titulaires, de Chirurgiens-majors des Hôpitaux & des Régimens, d'Aides-majors, Sous-aides-majors & Élèves-chirurgiens & Apothicaires appointés dans les Hôpitaux militaires du royaume,

ne foient remplies à l'avenir que suivant les formes établies
par le fufdit Règlement.

3.

INDÉPENDAMMENT des Cours établis dans les
Amphithéâtres, il en fera fait dans les différens Hôpitaux
par les Médecin & Chirurgien-major, afin d'entretenir
les Élèves qui font fous leurs ordres dans l'exercice de
leur art. En conféquence, le Médecin fera tous les ans un
Cours de Médecine ; le Chirurgien-major, pendant l'hiver,
un Cours d'Anatomie & d'Opérations ; & pendant l'été,
un Cours d'Oftéologie & de Bandages, auxquels tous les
Élèves feront tenus d'affifter.

4.

POURRONT les Médecin & Chirurgien-major
admettre à ces Cours, des Élèves de la ville, avec l'agrément du Commiffaire des guerres, qui en limitera le
nombre.

TITRE VIII.
Des Alimens & de leur diftribution.
ARTICLE PREMIER.

LA portion d'alimens, pour chaque malade ou bleffé,
fera, comme elle a toujours été, par jour, d'une livre de
viande, poids de marc, deux tiers de bœuf & l'autre tiers
de veau ou de mouton ; laquelle livre, cuite & fans os,
reviendra à dix onces ; de vingt-quatre onces de pain,

entre le bis & le blanc, aussi poids de marc, de pur froment, & d'une chopine de Paris, vin blanc ou rouge, avec le sel & le vinaigre nécessaires.

2.

IL sera aussi fourni par les Directeurs, des œufs dans les bouillons, des œufs frais, de la tisane commune pour les boissons ordinaires, de la panade, du lait, de la bouillie, du riz & des pruneaux, mais dans le cas seulement où ces alimens auront été ordonnés comme régime par les Médecin & Chirurgien-major, attendu que lesdites denrées ne font point partie de la portion ordinaire.

3.

A l'égard des Officiers, il leur sera fourni le double en valeur; mais pour éviter toutes difficultés sur ce point, les Médecin & Chirurgien-major, d'après le régime qu'ils croiront devoir prescrire à chacun desdits Officiers, règleront, avec l'approbation du Commissaire des guerres, ce qui devra être mis de viande à la marmite pour eux, les légers alimens & la quotité de pain qui leur seront fournis; de manière que le Directeur de l'Hôpital puisse connoître précisément, d'après les feuilles de visite, ce qu'il devra donner en alimens ou légers alimens, aux Officiers malades.

4.

LORSQUE les Médecin & Chirurgien-major jugeront l'usage du bouillon gras nuisible à quelques malades, & trouveront à propos d'y substituer un autre régime, ils remettront au Contrôleur, la veille du jour où ce régime devra commencer, l'état des malades auxquels ils l'auront

prescrit,

prefcrit, afin qu'il en prévienne fur le champ le Directeur, qui, dans ce cas, fera difpenfé de fournir la viande pour lefdits malades, à charge par lui d'y fuppléer par la fourniture de ce qui aura été prefcrit par les Médecins & Chirurgiens. Les Contrôleurs en feront l'obfervation fur les états de mouvement, qu'ils remettront chaque jour au Commiffaire des guerres.

5.

Les alimens, pour la journée entière du malade, feront fixés, dans la vifite du matin, par les Médecin & Chirurgien-major, fur les feuilles de ladite vifite, lefquelles feront partagées par des colonnes où feront infcrits d'un côté les alimens du matin, & de l'autre les alimens du foir, conformément au modèle annexé à la préfente Ordonnance.

6.

La viande fera belle, bien faignée & de bonne qualité, fans qu'il puiffe y être admis de têtes, cœurs, freffures & pieds; elle fera examinée par le Contrôleur lors de la livraifon, & au cas qu'il la trouve défectueufe, il en avertira, fur le champ, le Commiffaire des guerres, ou au défaut du Commiffaire des guerres, le Major de la Place, ou autre perfonne publique.

En cas de défectuofité, il en fera dreffé procès-verbal, & la viande jetée à la rivière, ou enterrée en préfence de témoins, fera remplacée par d'autre de la plus belle qualité, prife dans les boucheries de la Ville, aux frais du Directeur, qui aura fon recours fur ledit Boucher; lequel fera condamné, pour avoir fourni de la mauvaife viande, à la perte du prix d'icelle, & à une amende de vingt-

D

quatre livres pour la première fois, applicable aux pauvres du lieu; & en cas de récidive, de cinquante livres, & à la résiliation de son marché.

7.

LES pesées de la viande du matin & du soir, seront faites en présence du Contrôleur ou du Commis aux salles, & seront proportionnées au nombre des malades, blessés, infirmiers, & des Chirurgiens & Employés, qui ne recevront pas leur nourriture en argent, à raison d'une demi-livre pour chacun, par chaque pesée; observant de les augmenter ou diminuer, eu égard au nombre de ceux qui seront entrés ou sortis. La pesée étant faite exactement, la viande sera mise dans un lieu, dont la clef sera donnée au Sergent de garde; & à l'heure accoutumée, le Sergent se trouvera présent, pour faire ouverture du lieu où ladite viande aura été déposée; elle en sera tirée & mise dans la marmite devant lui. Il y aura toujours une Sentinelle postée à la cuisine, à qui il sera ordonné de ne laisser tirer de la marmite aucun morceau jusqu'à la cuisson parfaite.

8.

S'IL arrivoit qu'à l'heure de la pesée le Boucher n'eût pas pris ses précautions pour fournir la quantité de viande nécessaire, il en sera acheté de la plus belle aux frais de qui il appartiendra; & le Boucher sera condamné par le Commissaire des guerres en dix-huit livres d'amende applicable comme dessus.

9.

LE pain sera de pur froment, de bonne qualité; celui qui se trouvera fort peu cuit, ou brûlé, sera rejeté; & au cas qu'il soit mêlé de seigle ou autres grains, le Contrôleur, ou le Commis aux salles en avertira le Commissaire des guerres qui le sera visiter, en dressera procès-verbal, en fera fournir d'autres aux frais du Boulanger ou du Directeur; & suivant l'exigence du cas, ils seront condamnés en cent livres d'amende, sauf plus grande peine s'il y échet.

1 O.

LE vin rouge & blanc pourra être du pays, choisi de bonne qualité & vieux, autant qu'il sera possible ; & si à la rigueur l'on n'en pouvoit fournir que de la dernière récolte, la distribution n'en commencera au plus tôt qu'au 1.er Avril suivant. Les malades attaqués de cours de ventre & dyssenterie, ne seront fournis que de vin rouge ; & le vin blanc sera donné aux autres malades, à l'exception néanmoins des cas où l'usage du vin blanc auroit été interdit par l'ordonnance du Médecin ou du Chirurgien-major.

1 1.

DANS les pays qui ne produisent point de vin, il pourra y être suppléé par l'usage de la bière, à la charge néanmoins qu'il sera donné du vin aux malades ou blessés comme remède ou potion cordiale, lorsqu'il sera ainsi ordonné par les Médecin ou Chirurgien-major,

1 2.

LES caves, celliers & magasins de la direction seront visités, au moins une fois par mois, par le Commissaire des guerres, assisté du Contrôleur, du Médecin & du Chirurgien-major ; & au cas qu'il s'y trouve du vin défectueux ou gâté, le Commissaire des guerres le sera répandre en leur présence, & en ordonnera le remplacement; il en sera usé de même à l'égard de la bière.

13.

L'HEURE de la distribution des alimens sera fixée, dans chaque Hôpital, à dix heures du matin pour le dîner, & à quatre ou cinq heures du soir pour le souper; laissant néanmoins Sa Majesté, au Commissaire des guerres, la liberté de changer quelque chose à cette fixation, de concert avec le Médecin & le Chirurgien, suivant l'exigence des cas.

14.

LA viande étant cuite vers l'heure fixée pour la distribution, elle sera coupée par portions en présence du Contrôleur ou du Commis aux salles & du Sergent de garde qui sera appelé à cet effet. Il en sera usé de même pour les portions de pain & de vin. Le Contrôleur ou le Commis aux salles goûtera le bouillon pour connoître s'il est bon, ainsi que le pain, la viande & le vin; & s'il y trouve quelque chose de défectueux, il en avertira, sur le champ, le Commissaire des guerres, afin qu'il donne ses ordres pour y remédier.

15.

LES Médecin & Chirurgien-major assisteront pareillement, soit dans la cuisine, soit dans les salles, à la distribution des portions, pour les goûter, & avertir le Commissaire des guerres s'ils y trouvent quelque défectuosité. Enfin le Commissaire goûtera aussi tous les jours, lesdites portions, ou au moins aussi souvent que ses fonctions pourront le lui permettre.

16.

LES portions seront portées & distribuées dans les salles par les Infirmiers, chacun dans leur quartier.

17.

IL y aura toujours un Chirurgien préfent à la diftribution des alimens, lequel tiendra la main à ce que
chaque malade ou bleffé ait ce qui lui aura été ordonné;
en obfervant d'interdire l'ufage des alimens folides à ceux
à qui la fièvre fera furvenue depuis la vifite du Médecin
ou du Chirurgien-major.

18.

LA diftribution ne fera faite aux Infirmiers & autres,
compris dans la pefée, qu'après que la diftribution des
malades fera entièrement terminée; & la viande qui reftera,
pour lors, des portions des malades, fera partagée entre
les Infirmiers & Servans.

19.

IL fera néanmoins réfervé à chaque diftribution, dans
les grands Hôpitaux, quelques portions de celles reftantes
en viande, pour-être données aux entrans s'il en eft befoin,
durant l'intervalle des deux diftributions; mais à la diftribution fuivante, les portions de réferve qui n'auront point
été confommées feront réunies à celles des Infirmiers;
& la même réferve continuera de fe faire fur les portions
qui pourront refter après la dernière diftribution.

20.

LES malades à la diète devant avoir trois ou quatre
bouillons par jour, fuivant les ordonnances du Médecin
ou Chirurgien-major, le Contrôleur & les Commis aux
falles veilleront à ce qu'ils leur foient exactement fournis;
& ils feront fournir avec la même exactitude, les œufs,
panade, bouillie, riz, pruneaux, lait & tifane, à ceux

auxquels ils auront été prescrits pour régime. La distribution de ces alimens sera faite dans chaque salle, par les Élèves-chirurgiens.

21.

LE Commissaire des guerres assisté du Contrôleur, fera, au moins une fois par mois, & aux jours auxquels les Directeurs ou leurs Préposés s'y attendront le moins, la visite des balances, poids & mesures servant à la distribution des alimens; & au cas que lesdites balances, poids & mesures ne se trouvent pas conformes aux Ordonnances, le Commissaire des guerres les fera briser en sa présence, & en fera établir d'autres aux frais du Directeur; dont & de quoi le Commissaire dressera sur le champ son procès-verbal, qu'il fera signer par le Contrôleur présent, par des témoins au nombre de deux, & par le Directeur ou ses Préposés, s'ils veulent signer, sinon sera fait mention de leur refus.

22.

LE Commissaire des guerres fera deux expéditions du procès-verbal ci-dessus, qu'il adressera sur le champ, l'une au Secrétaire d'État ayant le département de la Guerre, & l'autre à l'Intendant de la Province.

23.

VEUT & ordonne Sa Majesté que, sur le vu dudit procès-verbal, le Directeur ou les Commis coupables soient condamnés solidairement, par l'Intendant du département, en une amende de quinze cents livres applicable, moitié au dénonciateur, s'il y en a; & l'autre moitié, ou la totalité, s'il n'y a point de dénonciateur, à l'Hôpital du lieu ou autre plus prochain, s'il n'y en a point dans le lieu; & qu'en cas de récidive les coupables

soient mis en prison, pour être leur procès fait extraordinairement, & être condamnés par ledit Intendant aux
galères pour neuf ans; & sera, le dénonciateur, payé de
la moitié de l'amende en déduction de ce qui sera dû à
l'Administrateur ou Entrepreneur, civilement responsable
du fait de ses préposés, sur le certificat du Commissaire
des guerres, portant que la fausseté des poids & mesures,
a été reconnue sur la dénonciation.

24.

DÉFEND Sa Majesté dans ses Hôpitaux, l'usage des
romaines pour peser la viande & autres alimens des
malades ou blessés: Veut & entend que toutes les pesées
de quelque espèce que ce soit, ne puissent être faites
qu'avec des balances à plateaux, bien éprouvées en présence du Commissaire des guerres, avec des poids de
marc bien & dûement étalonnés.

25.

AU cas de transport de malades & blessés dans un
autre Hôpital, conformément à l'article 5 du titre II; la
journée desdits malades ou blessés étant payée à l'Hôpital
où ils sont envoyés, le Directeur qui en sera averti, si le
chemin est de plus de deux lieues, fera établir vers le
milieu de la route, des marmites, du pain, du vin ou
de la bière, pour y fournir des bouillons ou autres alimens,
aux malades ou blessés; il y sera trouver des Chirurgiens &
Infirmiers auxquels les malades seront remis avant ou après
la halte, par les Chirurgiens & Infirmiers qui les auront
conduits jusque-là.

TITRE IX.

Des Médicamens.

ARTICLE PREMIER.

LES Pharmacies des Hôpitaux militaires, ne seront approvisionnées que des articles jugés nécessaires par les nouvelles formules qui viennent d'y être prescrites, & de la manière ci-après indiquée.

2.

LES compositions galéniques & chimiques exigeant toute l'habileté d'un Artiste expérimenté, veut Sa Majesté que ces préparations se fassent par les Apothicaires-majors des cinq Hôpitaux militaires où les amphithéâtres sont établis, en présence des Médecin, Chirurgien - major, Chirurgien & Apothicaire - aide - major, Sous - aide-major & Elèves, & que ces mêmes préparations soient distribuées ensuite;

SAVOIR:

1.° Celles qui seront faites par l'Apothicaire-major de Lille, dans les provinces de Flandre, de Haynaut & de Picardie.

2.° Celles faites par l'Apothicaire - major de Metz, dans les provinces des Trois-évêchés, de Lorraine & de Champagne.

3.° Celles faites par l'Apothicaire - major de Strasbourg, dans les provinces d'Alsace & de Franche - comté.

4.° Celles faites par l'Apothicaire - major de Brest, dans les provinces de Bretagne, Normandie, Poitou, Aunis, Saintonge & Guyenne.

5.° Celles qui seront faites par l'Apothicaire-major de Toulon, dans

dans les provinces de Provence, Dauphiné, Rouſſillon, Languedoc & dans l'île de Corſe.

Défend Sa Majeſté aux Apothicaires - majors des Hôpitaux militaires, d'y recevoir & employer d'autres compoſitions galéniques & chimiques que celles qui leur feront ainſi fournies, & aux Directeurs de les y introduire; ce à quoi le Contrôleur tiendra exactement la main.

Permet Sa Majeſté aux Adminiſtrateurs & Directeurs des Hôpitaux de charité, dans leſquels les Soldats de ſes Troupes feront reçus, de ſe fournir dans leſdites Pharmacies, des compoſitions galéniques & chimiques dont ils auroient beſoin, en les payant au même prix fixé par le tarif dreſſé par leſdits Apothicaires - majors, & approuvé par les Intendans des Provinces.

3.

A l'égard des autres médicamens qui feront fournis dans les Hôpitaux militaires, entend Sa Majeſté que ces médicamens ne puiſſent être reçus que d'après la reconnoiſſance qui en fera faite par les Apothicaire-major ou Aide-major des Hôpitaux, en préſence des Médecin & Chirurgien en chef, dont le témoignage les fera rejeter ou admettre par le Commiſſaire des guerres.

4.

L'APOTHICAIRE en chef de chaque Hôpital, fera tenu, envers les Adminiſtrateurs ou Entrepreneurs, de compter tous ſes deux mois, tant en recette qu'en dépenſe, de tout ce qui concerne la Pharmacie; en conſéquence, il devra tenir un regiſtre qui reſtera en dépôt dans la Pharmacie dans lequel feront inſcrits tous les médicamens

E

entrans, dont la confommation fera établie, d'après les cahiers de visite, & certifiée par les Médecin & Chirurgien-major & le Directeur.

5.

IL fera choifi, dans l'intérieur de l'Hôpital, un lieu convenable pour y établir l'Apothicairerie, dans lequel feront dépofées toutes les drogues néceffaires & prefcrites par les formules ci-deffus, foit pour les quantités, foit pour les qualités; ce qui aura lieu même dans le cas où le marché des médicamens feroit féparé de celui des alimens.

6.

D'APRÈS le formulaire général, qui fera envoyé dans chaque Hôpital, le Médecin & le Chirurgien-major, chacun en ce qui les concerne, prefcriront une formule de remèdes ufuels, à laquelle l'Apothicaire fera tenu de fe conformer.

7.

LE Médecin & le Chirurgien-major vifiteront enfemble & de concert l'Apothicairerie, au moins une fois par mois; ils feront mettre à part les remèdes corrompus ou gâtés, pour être vérifiés par le Commiffaire des guerres, par lui dreffé procès-verbal, & donné tels ordres qu'au cas appartiendra. Et s'il manque de remèdes néceffaires, ils en drefferont un état, dont copie fera remife au Directeur, pour qu'il ait foin d'en faire promptement le remplacement, & une autre copie au Commiffaire des guerres, afin qu'il tienne la main audit remplacement.

8.

FAIT Sa Majefté très-expreffes inhibitions & défenfes

à l'Apothicaire de faire aucune composition pour le service
de l'Hôpital, ailleurs que dans le laboratoire de l'Apothicairerie; & les Médecin & Chirurgien-major s'y trouveront
lorsqu'ils le jugeront nécessaire.

9.

AU cas que l'Apothicaire manque de quelques-unes des
drogues ordonnées par les Médecin & Chirurgien-major,
il sera tenu de les en avertir sur le champ pour y suppléer:
lui fait Sa Majesté très-expresses inhibitions & défenses d'en
substituer de son chef, à peine de destitution de son emploi.

10.

VEUT & ordonne Sa Majesté qu'au cas où l'Apothicaire
soit surpris employant, ou convaincu d'avoir employé de
fausses drogues au lieu de celles ordonnées, il en soit
dressé procès-verbal par le Commissaire des guerres, en
présence du Contrôleur, du Médecin & du Chirurgien-
major, qui signeront, conjointement avec le Commissaire,
ledit procès-verbal, ainsi que ledit Apothicaire s'il veut
signer, sinon sera fait mention de son refus.

11.

SUR le vu dudit procès-verbal, qui sera adressé, sur le
champ, au Secrétaire d'Etat ayant le département de la
Guerre & à l'Intendant de la Province, le procès sera
fait extraordinairement par l'Intendant audit Apothicaire;
lequel, audit cas de conviction, sera condamné à une
amende arbitraire, applicable moitié au dénonciateur,
l'autre moitié à l'Hôpital du lieu, ou au plus prochain,
même en une peine corporelle s'il y échet.

I 2.

DÉFEND Sa Majesté à tous Apothicaires des Hôpitaux militaires, de fournir, vendre, transporter ni employer à aucun autre usage qu'à celui des malades de l'Hôpital auquel ils sont attachés, les médicamens, drogues ou remèdes de leur Pharmacie, sous peine d'être renvoyés & punis.

I 3.

L'APOTHICAIRE administrera lui-même, en présence du Chirurgien de garde ou de quartier, les remèdes qui auront été ordonnés aux malades & blessés, & les verra prendre, sans les laisser auxdits malades & blessés, pour éviter toute erreur dans la distribution, & être en état d'en rendre compte au Médecin ou Chirurgien-major lors de leurs visites, conformément aux articles 3 & 4 du Titre V, ou d'expliquer les raisons pour lesquelles le Chirurgien de garde & lui de concert, auroient jugé à propos de les suspendre.

I 4.

L'APOTHICAIRE fera une provision suffisante de Plantes usuelles dans le temps convenable, & les conservera avec le soin & la méthode que chacune d'elles peut exiger.

I 5.

ON établira dans chaque Hôpital, autant qu'il sera possible, un jardin de Plantes usuelles dans le lieu qui sera désigné par l'Intendant. Le Médecin, le Chirurgien-major & l'Apothicaire auront la direction de ce jardin, chacun en ce qui les concerne.

16.

LES linges à panfement & la charpie étant de nature à être confidérés comme une partie accefloire des médi-camens, les Officiers de fanté, notamment le Chirurgien-major, feront tenus de vifiter les approvifionnemens qui en feront faits, avant leur entrée dans le magafin ; & au cas qu'ils en trouvent de mauvaife qualité, ils en donne-ront avis au Commiffaire des guerres, qui les fera rejeter & remplacer.

17.

DANS le cas où les Directeurs fe trouveroient manquer de linges à panfement & de charpie, par leur faute, ils feront condamnés en une amende de quinze cents livres, qui fera prononcée par l'Intendant du département, fur le vu du procès-verbal qui en fera dreffé par le Commiffaire des guerres, & envoyé audit Intendant & au Secrétaire d'État ayant le département de la guerre. Veut Sa Majefté, audit cas, que le Commiffaire des guerres faffe acheter dans la ville, ou lieux circonvoifins, ce qui fera néceffaire au fervice, & à quelque prix que ce foit, aux dépens de qui il appartiendra.

18.

TOUT ce qui fera jugé néceffaire aux Chirurgiens-élèves pour le fervice de leurs falles, en vin, eau-de-vie, onguens, emplâtres, linges à panfement & charpie, ne pourra leur être donné que fur un *bon* des Officiers de fanté. Pourront néanmoins les Chirurgiens de garde, en l'abfence des Officiers de fanté, donner des *bons*, fi le fervice l'exige ; mais ces *bons* devront être repréfentés auxdits Officiers de fanté à leur première vifite, pour être par eux visés chacun en ce qui les concerne ; & au cas de fraude reconnue, les Chirurgiens-élèves seront condamnés à la restitution du quadruple envers le Directeur, même à plus grande peine, suivant l'exigence des cas.

TITRE X.

Des Lits & Fournitures.

ARTICLE PREMIER.

LA fourniture des lits & effets accessoires, sera faite par le même Administrateur ou Entrepreneur, qui sera chargé de celle des alimens & médicamens.

2.

LE nombre des lits sera fixé, dans chaque Hôpital, proportionnément à l'étendue des emplacemens & à la force des garnisons ordinaires ; de manière que les Soldats malades soient couchés seuls, conformément à l'article 6 du Titre IV de la présente Ordonnance.

3.

DANS cette fixation seront compris les lits & fournitures des Chirurgiens & Apothicaires-élèves, employés & servans dans les Hôpitaux, & qui y auront leur logement.

4.

DÉFEND expressément Sa Majesté, de transporter lesdits lits hors de l'Hôpital, pour servir à ceux des Employés qui logeront en ville ou ailleurs, & ce sous peine de punition.

5.

CHAQUE lit fera compofé d'une couchette de bois de chêne, autant qu'il fera poffible ; & dans les lieux où le chêne fera rare, de bois de noyer, d'orme, de fapin, ou autre efpèce, tel qu'il fera en ufage dans le pays : ladite couchette élevée de terre de douze à quinze pouces, de quatre pieds de largeur & de cinq pieds neuf à dix pouces de longueur, le tout de dedans en dedans : la paillaffe & le matelas feront des mêmes largeur & longueur ; la paillaffe fera remplie de quarante à quarante-cinq livres de paille, le matelas rempli moitié crin, moitié laine, ou de deux tiers de l'une ou l'autre efpèce ; le tout bien apprêté & couvert de toile leffivée, de même que le chevet qui doit avoir trois pieds de tour ; lefdits matelas & chevet devant pefer enfemble trente-cinq livres, la toile non comprife ; d'une couverture de laine, blanche ou verte, de huit pieds dix pouces à neuf pieds de longueur, fur fept pieds trois à fix pouces de largeur ; & de trois paires de draps de toile demi-blanche ; chaque drap de neuf pieds ou neuf pieds un ou deux pouces de long fur fix pieds fix pouces à fix pieds neuf pouces de large ; le tout à la mefure de Roi, & fuivant qu'il fera plus amplement détaillé dans les traités & conventions qui feront faits avec les Adminiftrateurs & Entrepreneurs des Hôpitaux, tant pour la fourniture des lits que pour celle des effets acceffoires.

6.

LES malades feront couverts, pendant l'hiver, de deux couvertures de laine, au moyen de l'augmentation ordonnée pour ce genre de fournitures ; il fera de plus entretenu dans chaque Hôpital une certaine quantité de matelas de crin, de même dimenſion & de moitié du poids des autres,

pour ceux des malades dont l'état exigera ce ſupplément.

7.

LES couvertures & les bois-de-lits ſeront lavés tous
les ſix mois , & les matelas rebattus auſſi ſouvent qu'il
ſera néceſſaire : la paille des paillaſſes ſera renouvelée tous
les ſix mois pour les lits ſervant aux convaleſcens ; &
pour ceux qui ſervent aux malades, autant de fois que le
Médecin ou le Chirurgien-major le jugera à propos.

8.

LORS de la livraiſon des fournitures ou demi-fournitures, lorſqu'elles ſeront renouvelées ou réparées , le
Commiſſaire des guerres, ou le Contrôleur en ſon abſence,
ſera auner les draps & peſer les matelas & traverſins,
pour connoître s'ils ſont de la même meſure & du poids
ordonnés; & en cas qu'il les trouve défectueux , ou que le
nombre ne ſoit pas complet, il en dreſſera procès-verbal,
qu'il enverra au Secrétaire d'État ayant le département de la
guerre, & à l'Intendant de la Province, pour y être pourvu.

9.

SI dans quelques Hôpitaux les lits étoient fournis, ſoit
par le Roi, ſoit par les Villes , ou par d'autres Entrepreneurs que ceux des alimens, le blanchiſſage des draps ſera
toujours à la charge de l'entrepriſe des alimens de l'Hôpital :
ils ſeront en conſéquence remis au Directeur, ſur ſon récépiſſé , pour être par lui repréſentés en même nombre
dans l'état où ils ſe trouveront. Pourra ledit Directeur
remettre , de trois en trois mois , en préſence & du conſentement du Commiſſaire des guerres, ou en ſon abſence,
du Contrôleur, les draps hors d'état de ſervir, deſquels

il

il demeurera déchargé, & il sera pourvu au remplacement
d'iceux.

I O.

ENJOINT très-expressément Sa Majesté aux Commissaires des guerres, aux Contrôleurs, & généralement à tous
les Officiers de ses Hôpitaux, de ne point souffrir qu'aucun
malade ou blessé, soit mis dans le lit d'un mort, avant
que les draps & la paille en aient été changés.

I I.

LES Contrôleurs, les Commis aux salles & tous
autres préposés au service des Hôpitaux, empêcheront
les malades & blessés, de coucher sur leurs lits avec
leurs souliers, & veilleront à ce que les fournitures soient
conservées & entretenues proprement.

I 2.

L'USAGE des demi-fournitures, n'aura lieu dans les
Hôpitaux, que pour ceux qui seront établis en temps de
guerre; dans chacun desquels, cependant, il sera remis un
nombre de fournitures complettes pour les blessés de
grandes blessures, & pour les malades attaqués de maladies
contagieuses.

Chacune desdites demi-fournitures sera composée
d'une paillasse, d'un traversin garni, de deux paires de
draps & d'une couverture; le tout des qualités & dimen-
sions prescrites par l'article 5 du présent Titre.

TITRE XI.

Des Linges, Bonnets & Robes de chambre.

ARTICLE PREMIER.

LES fournitures accessoires au lit, comme chemises, bonnets, coiffes de bonnet, capotes ou robes de chambre de drap, seront réglées en proportion du nombre des lits fixé pour chaque Hôpital, à raison

De quatre Chemises. . . . . } Pour chaque lit.
De quatre Coiffes de bonnets. . }

De trois Bonnets de laine. . . . } Pour deux lits.
Et d'une Capote. . . . . }

Et les qualités de ces fournitures seront déterminées par les traités.

2.

LE Commissaire des guerres se fera remettre l'état de l'approvisionnement de l'Hôpital, en ce genre, qu'il proposera d'augmenter s'il en est besoin, par proportion des malades ou blessés qui y seront reçus, ce qui ne pourra s'exécuter que sur les ordres du Secrétaire d'État ayant le département de la guerre, d'après le compte qui lui en sera rendu par l'Intendant, excepté néanmoins les cas de service urgens auxquels l'Intendant sera pourvoir sans délai, en même temps qu'il en informera le Secrétaire d'État de la Guerre.

3.

LE Commiſſaire des guerres fera de temps en temps la viſite des chemiſes, bonnets, coiffes de bonnets & capotes, pour faire remplacer ce qui ſera hors de ſervice.

4.

LE blanchiſſage de tous les linges, chemiſes, coiffes & bonnets, ſera toujours à la charge de l'entrepriſe des alimens de l'Hôpital; les Directeurs ſeront tenus en con-ſéquence de mettre à part & de faire leſſiver ſéparément tout ce qui aura ſervi à l'uſage des malades attaqués de gale ou de maux vénériens; il ſera de même leſſiver par un blanchiſſage ſéparé, tous les linges à panſement ou deſtinés à faire de la charpie.

5.

LES malades attaqués de toute eſpèce de gale, devant être traités dans des ſalles ſéparées, qui ne leur laiſſent aucune communication avec les autres malades: Veut Sa Majeſté que les lits & fournitures de tout genre qui ſerviront auxdits galeux, ne ſoient jamais confondus avec celles deſtinées à d'autres uſages; ce à quoi les Contrô-leur ou Commis aux ſalles, tiendront exactement la main, à peine d'en répondre en leur propre & privé nom, & d'encourir la condamnation d'une amende prononcée par l'Intendant de la Province, ſur le rapport du Commiſſaire des guerres chargé de la police de l'Hôpital.

TITRE XII.

Des maux Vénériens.

ARTICLE PREMIER.

LES Soldats attaqués de maladie vénérienne, de quelque nature qu'elle soit, seront reçus dans les Hôpitaux militaires destinés à ce traitement, sur un billet d'entrée expédié suivant la forme prescrite par l'article 1.er du Titre Ier, & au dos duquel sera détaillée la situation des Soldats qui y seront envoyés.

2.

AUSSITÔT qu'un malade de ce genre se présentera dans un Hôpital, le Chirurgien-major sera tenu de le visiter, conjointement avec le Médecin, s'il y en a un, pour déterminer la nature du traitement qui leur paroîtra convenir à son état ; ce qui sera constaté par une consultation signée de l'un & de l'autre ; après quoi le Chirurgien-major restera chargé du traitement auquel le Médecin ne sera appelé que dans les occasions périlleuses.

3.

LORSQUE le traitement sera fini, les Officiers de santé seront tenus de visiter de nouveau le malade avant sa sortie de l'Hôpital, pour s'assurer de la guérison, de laquelle ils feront mention au pied de la consultation qu'ils auront faite lors de l'entrée dudit malade.

4.

SA MAJESTÉ ne voulant pas que le séjour à l'Hôpital,

des Soldats attaqués de maladie vénérienne, soit déformais à charge à leurs camarades, Elle entend que tout Soldat, Cavalier, Chevau-léger, Hussard, Dragon & Chasseur à cheval, qui sera entré à l'Hôpital, pour une maladie vénérienne, soit obligé d'acquitter à sa sortie, & lorsqu'il aura recouvré ses forces, toutes les corvées qui auront été faites pour lui pendant son traitement, successivement & de manière qu'il n'en soit pas excédé; Sa Majesté s'en rapportant à ce sujet aux Commandans des Corps : Elle ordonne aux Médecins & Chirurgiens-majors de ses Hôpitaux, d'inscrire au dos des billets de sortie, la nature des maladies dont les convalescens sortans auront été traités, & aux chefs des Corps d'enjoindre aux Quartiers-maîtres de tenir un registre de tous les hommes de leur régiment qui auront subi le traitement d'une maladie vénérienne, & d'en conserver les billets de sortie comme pièces probantes à l'appui du registre qui sera représenté aux Inspecteurs lors de leurs revues.

5.

SA MAJESTÉ jugeant qu'il est de sa justice & même de sa bonté de prévenir, par la crainte d'une punition, les maux que pourroit produire dans les Troupes l'excès du libertinage, Elle veut que tout Soldat qui aura été traité trois fois d'une maladie vénérienne quelconque, soit condamné à servir deux ans au-delà du terme de son engagement; mais pour prévenir toute application injuste de cette peine, Sa Majesté entend que le jugement contre ledit Soldat ne puisse être porté que par les Inspecteurs lors de leurs revues, sur le rapport qui leur sera fait par les Commandans des régimens, les Officiers & bas Officiers des compagnies dont seront les Soldats convaincus d'avoir éprouvé une troisième rechute, pour , sur les témoignages qui seront rendus de leur conduite, les condamner ou les absoudre en connoissance de cause, ou même restreindre la punition à un an de service seulement ; suivant l'exigence des cas ; attribuant Sa Majesté auxdits Inspecteurs tout pouvoir à cet égard.

TITRE XIII.

Des Eaux minérales.

ARTICLE PREMIER.

LES Soldats, Cavaliers, Chevaux - légers , Hussards, Dragons ou Chasseurs à cheval à qui l'usage des Eaux minérales deviendroit nécessaire , pourront être envoyés dans les Hôpitaux de Saint-Amand, de Bourbonne, de Digne & de Barèges , lesquels seuls ont été maintenus à cet effet.

2.

LESDITS Soldats, Cavaliers, Chevaux-légers, Hussards, Dragons ou Chasseurs ne pourront être reçus dans lesdits Hôpitaux hors le temps des saisons ordinaires , ni rester au-delà de la fin de chaque saison , si ce n'est pour des cas particuliers ou imprévus, dont le Médecin, ou à son défaut le Chirurgien chargé de la dispensation des Eaux, rendra compte au Secrétaire d'État ayant le département de la Guerre.

3.

POUR que les malades qui se trouvent dans les garni-

47

fons, ou dans les Hôpitaux éloignés des établiffemens des Eaux minérales ci-deffus mentionnés, puiffent s'y rendre au temps prefcrit, les Officiers de fanté des Hôpitaux, & les Chirurgiens-majors des régimens s'affembleront dès les premiers jours d'Avril pour examiner les Soldats qui leur paroîtront devoir être envoyés aux Eaux minérales, & rédiger les certificats dont lefdits Soldats doivent être porteurs: cet examen fera fait en préfence des Commiffaires des guerres qui devront adreffer à l'inftant au Secrétaire d'État ayant le département de la Guerre, une note indicative defdits hommes, & lui demander les routes néceffaires pour les faire partir.

4.

A l'égard des Soldats malades qui fe trouveront dans des garnifons ou dans des Hôpitaux à portée de ceux des Eaux minérales, lefdits Médecins & Chirurgiens-majors s'affembleront vers la fin du mois de Mai pour procéder, ainfi qu'il eft prefcrit par l'article précédent, à l'examen defdits Soldats qu'ils jugeroient devoir être envoyés aux Eaux; après quoi feront demandées auffi-tôt les routes néceffaires pour les faire partir, aux Intendans des Provinces, qui les expédieront pour ceux qui ne feront éloignés defdits Hôpitaux des Eaux minérales, que de cinq jours de marche.

5.

AUCUN Soldat ne pourra être reçu dans lefdits Hôpitaux qu'autant qu'il fera muni d'une route expédiée, foit en vertu des ordres du Secrétaire d'État ayant le département de la Guerre, foit par l'Intendant de la Province.

6.

A l'arrivée des Soldats aux Eaux, le Commissaire des guerres leur expédiera un billet d'entrée à l'Hôpital, ou un billet de logement; les Officiers de santé des Eaux minérales se feront ensuite représenter le certificat dont chaque Soldat devra être porteur, pour examiner si l'usage des Eaux peut lui convenir : s'ils jugent que les Eaux minérales ne conviennent point à certains malades, ils écriront au dos desdits certificats, les motifs de leur opinion, & les remettront au Commissaire des guerres, qui devra renvoyer dans les vingt-quatre heures, à leurs régimens lesdits malades, en leur expédiant des billets de sortie dans la forme ordinaire, & un ordre de route pour s'y rendre.

7.

LES certificats des malades admis à l'usage des Eaux, resteront entre les mains des Officiers de santé, pour y motiver l'effet qu'auront opéré les Eaux; & ces certificats seront rendus aux malades pour être par eux rapportés au régiment avec le billet de sortie de l'Hôpital.

8.

LES Soldats, Cavaliers, Chevaux-légers, Hussards, Dragons ou Chasseurs à cheval, admis à prendre les Eaux, remettront leur épée ou autres armes, s'ils en ont, au Directeur de l'Hôpital; & s'il n'y a point d'Hôpital, chez le Commissaire des guerres; lesdites armes seront étiquetées pour leur être rendues à leur départ : Sa Majesté faisant très-expresses défenses auxdits Soldats, Cavaliers, &c. de porter aucunes armes, de quelque espèce que ce soit,

pendant

pendant leur féjour aux Eaux, & de les cacher chez les
habitans du lieu, à peine auxdits Soldats, Cavaliers, &c.
de prifon & d'être renvoyés à leur régiment; & aux habitans
qui auront caché lefdites armes, de prifon, & de vingt
livres d'amende applicable au profit des pauvres de la
Paroiffe.

9.

VEUT & entend au furplus, Sa Majefté, que tous les
Soldats, Cavaliers, &c. reçus, pour prendre les Eaux, dans
les Hôpitaux & autres établiffemens formés à cet effet, fe
conforment aux règlemens de Police, obfervés dans les
autres Hôpitaux, aux peines y portées, fauf les cas particuliers auxquels il fera pourvu par les règlemens concernant
la police des Eaux minérales.

10.

CEUX qui, au défaut d'Hôpital, ou faute de place dans
l'Hôpital, auront été logés chez les habitans, fe retireront
chez leur hôte à fept heures du foir, à peine de vingt-quatre
heures de prifon pour la première fois, & de plus grande
peine en cas de récidive.

11.

DÉFEND Sa Majefté auxdits Soldats, Cavaliers, &c.
d'exiger de leurs hôtes autre chofe que le lit & place
au feu & à la lumière defdits hôtes, chez lefquels ils
vivront, au moyen de leur folde.

12.

CEUX qui auront obtenu permiffion de fortir de
l'Hôpital, s'il y en a, ou ceux qui feront logés chez les
habitans, ne pourront, pour quelque caufe que ce foit,

G

s'éloigner du lieu où se prennent les Eaux, & aller dans les villages voisins, ni manger & boire au cabaret, sous les peines ci-dessus énoncées. Faisant Sa Majesté très-expresses défenses aux habitans, de donner ni vendre du vin, de l'eau-de-vie, ou autres boissons que ce puisse être, aux Soldats, Cavaliers, &c. nourris à l'Hôpital ; & dans les lieux où ils vivront au moyen de leur solde, il est défendu de leur donner plus d'une chopine de vin à la fois & dans le même jour, à peine de cent livres d'amende pour la première contravention, & de plus grande punition en cas de récidive : Enjoint aux Officiers municipaux de tenir la main à l'exécution du présent article, à peine d'en demeurer responsables.

13.

FAIT pareillement Sa Majesté très-expresses inhibitions & défenses aux Soldats, Cavaliers, Chevaux-légers, Hussards, Dragons ou Chasseurs à cheval, de faire aucun trafic de tabac ou autres marchandises, même de celles dont le commerce est permis aux particuliers, à peine d'être arrêtés & punis suivant la rigueur des Ordonnances.

14.

DÉFEND Sa Majesté aux Officiers de santé des Eaux minérales, de délivrer des certificats aux convalescens sortans, pour qu'il leur soit fourni des voitures à l'effet de rejoindre leur corps, à moins d'une nécessité absolue reconnue par le Commissaire des guerres, & ce, sous peine d'en payer eux-mêmes les frais.

15.

ORDONNE Sa Majesté qu'au défaut de Commissaire

des guerres, tout ce qui est prescrit par les articles du
présent Titre, sera exécuté par le Subdélégué de l'Intendant;
au défaut de Subdélégué, par l'Officier de Maréchaussée
en résidence; & au défaut d'Officier de Maréchaussée en
résidence, par le principal Officier municipal de chaque
lieu, auxquels Sa Majesté mande & ordonne de tenir la
main, chacun en droit soi, à l'exécution de ce que dessus.

TITRE XIV.

De la netteté, clarté & température dans les Hôpitaux.

ARTICLE PREMIER.

DANS les Hôpitaux fixes & sédentaires, le Commissaire des guerres donnera ses ordres, au commencement du printemps, pour faire blanchir les salles, & les portes & lambris avec de la chaux vive, afin d'y entretenir la propreté & détruire les insectes. Il en sera usé de même autant que faire se pourra, lors de l'établissement des Hôpitaux, que le service des Armées exige en temps de guerre.

2.

LE Contrôleur ou le Commis aux salles, sera particulièrement chargé, sous les ordres du Commissaire des guerres, de faire balayer & nettoyer les salles, deux fois par jour, le matin avant les visites & pansemens; le soir immédiatement après le repas, & plus souvent s'il est nécessaire; ils feront pareillement balayer les cours & les escaliers, au moins une fois par jour.

G ij

3.

LES mêmes Employés auront soin de faire parfumer les salles, en y faisant brûler du bois de genièvre ou autre bois odoriférant, trois fois par jour pour le moins, surtout avant & pendant les pansemens.

4.

ILS feront tenir proprement les cuisines, la boulangerie, la boucherie & autres endroits de l'Hôpital, & ordonneront aux Cuisiniers de laver les tables où se coupe la viande, deux fois par jour avec de l'eau bouillante.

5.

ILS visiteront souvent les ustensiles de cuivre, tant à la Cuisine qu'à la Pharmacie, pour examiner s'il n'y a point de vert-de-gris, & ils obligeront le Directeur à les faire étamer, lorsqu'il en sera besoin.

6.

ILS veilleront à ce que la tenue des Infirmiers servant les malades, soit le plus propre qu'il sera possible, & ils feront renvoyer ceux qui, après avoir été avertis, ne se conformeroient pas à ce qui leur aura été ordonné à cet égard.

7.

AVANT la fin de l'automne, le Commissaire des guerres fera visiter & mettre en état les poêles & fourneaux servant à échauffer les salles des malades, & obligera le Directeur à faire une provision de bois suffisante.

8.

LE feu commencera à être allumé dans lesdites salles,

au jour qui fera fixé par le Commiſſaire des guerres, ſur
le rapport des Officiers de ſanté, & ceſſera pareillement
quand il l'ordonnera; les Contrôleur & Commis aux ſalles
tiendront la main à l'exécution de ſes ordres.

9.

DANS les beaux jours, les Contrôleur ou Commis
aux ſalles, feront ouvrir les fenêtres, pour donner de
l'air aux ſalles; ce qu'ils ne feront néanmoins que du
conſentement du Médecin ou du Chirurgien-major.

10.

LES fenêtres des ſalles, par où les rayons du ſoleil
pourroient porter ſur les malades, feront fermées par des
rideaux de groſſe toile, qui feront au compte du Roi.

11.

LES lampes feront allumées dans Hôpital, une demi-
heure avant la nuit, par les Infirmiers, & entretenues ſans
diſcontinuation, tant qu'elle durera, de l'huile qui fera
fournie à cet effet par les Directeurs; le Commiſſaire
des guerres ordonnera le nombre des lumières qu'il
jugera néceſſaire, & le Contrôleur ou Commis aux
ſalles, tiendront également la main à l'exécution des
ordres du Commiſſaire des guerres à cet égard.

TITRE XV.

De la police dans l'intérieur de l'Hôpital.

ARTICLE PREMIER.

IL ne fera ſouffert aucunes armes aux malades ou
bleſſés dans les ſalles de l'Hôpital, & ſi quelqu'un d'eux

se trouve en avoir, elles lui seront ôtées; celles qui seront partie de l'armement uniforme du régiment, seront remises au magasin, & les autres seront confisquées pour être vendues au profit des pauvres du lieu.

2.

FAIT Sa Majesté très-expresses défenses à tous Soldats, Cavaliers, Chevaux-légers, Hussards, Dragons ou Chasseurs, malades ou blessés, de porter sur eux de la poudre à tirer dans lesdites salles, à peine d'être sévèrement punis à leur sortie.

3.

LORSQU'IL y aura deux portes d'entrée dans un Hôpital, il n'en sera tenu qu'une ouverte, à laquelle il sera mis une barrière & placé un Portier, qui sera chargé de ne laisser entrer aucunes femmes, & de n'en laisser sortir aucuns malades, convalescens ou infirmiers, sans un billet signé d'un Officier de santé; comme aussi de ne permettre l'entrée d'aucunes denrées, boissons, fruits & autres alimens, que de ceux qui seront introduits au nom du Directeur, pour le service ou par les Officiers de santé dudit Hôpital, pour leur consommation particulière; étant ledit Portier autorisé à fouiller les personnes qui lui paroîtront suspectes; & les choses qui seront reconnues introduites en contravention des règlemens, seront confisquées au profit dudit Portier, auquel la Sentinelle & la Garde prêteront main-forte quand il le requerra.

4.

IL sera permis aux malades & convalescens, de sortir & se promener hors des Hôpitaux militaires, dans tous

les cas où leur état paroîtra l'exiger; mais fous les réferves
énoncées dans l'article qui fuit.

5.

LORSQUE les Médecins jugeront la promenade néceffaire pour quelques malades ou convalefcens, dans ceux
des Hôpitaux qui n'ont ni jardin, ni efpace fuffifamment
aéré, le Commiffaire des guerres, qui en fera prévenu,
en accordera la permiffion fur un état nominatif qui lui
fera préfenté & qu'il vifera; cet état, ainfi vifé, fera porté
au Commandant de la Place, qui donnera le nombre
de bas Officiers néceffaire pour efcorter ces malades ou
convalefcens pendant la promenade, empêcher qu'ils
n'achettent ou reçoivent aucune efpèce d'alimens, & pour
les ramener à l'Hôpital. A leur retour, ils feront reçus par
le Contrôleur, qui en fera l'appel, donnera décharge à
ces bas Officiers, verra par leur rapport fi tout s'eft paffé
régulièrement pendant la promenade, & en rendra compte,
fur le champ, au Commiffaire des guerres.

6.

LES Soldats, qui ayant eu la permiffion de fortir,
apporteront à leurs camarades des boiffons & alimens de
quelque efpèce que ce puiffe être, & ceux des malades
& bleffés qui vendront leurs portions à d'autres, feront
punis.

7.

IL ne fera permis aux bas Officiers, Soldats, Cavaliers,
Chevaux-légers, Huffards, Dragons ou Chaffeurs à
cheval, d'entrer dans les Hôpitaux pour vifiter les malades,
qu'avec la permiffion par écrit du Commiffaire des guerres
ou autres le repréfentant en fon abfence.

Les bas Officiers ou Soldats qui porteront dans les Hôpitaux où ils seront entrés, des alimens ou des boissons, seront punis, sur le rapport qu'en fera le Commissaire des guerres aux Chefs du régiment auquel ils appartiendront.

9.

Tout Soldat malade, accusé ou convaincu de crime commis pendant son séjour à l'Hôpital, sera gardé à vue, & le Commissaire des guerres le fera punir, à sa sortie, ainsi qu'au cas appartiendra.

10.

Le Commissaire des guerres & le Contrôleur écouteront les plaintes qui leur seront portées par les malades ou blessés, afin de leur faire rendre justice.

11.

Les malades ou blessés qui insulteront les Chirurgiens, Infirmiers, ou autres personnes qui les servent, seront punis sévèrement ; & si leur état exigeoit que la punition fût différée jusqu'à leur sortie, les Commandans des Corps seront tenus d'y statuer, sans délai, sur le rapport du Commissaire des guerres.

12.

Enjoint Sa Majesté aux malades & blessés, de porter honneur & respect aux Aumôniers, Frères de la Charité & autres Religieux & Religieuses, Médecins, Chirurgiens, Apothicaires, Contrôleurs, Commis aux salles, Administrateurs, Entrepreneurs & leurs Commis, à peine de punition exemplaire.

13.

IL leur est pareillement enjoint de traiter avec douceur les Infirmiers, & de se garder de les injurier, même quand ils auroient des plaintes à porter contr'eux; auquel cas ils devront en faire rendre compte par les Commis aux salles, au Commissaire des guerres, qui punira les coupables.

14.

IL est défendu aux convalescens, de fumer dans leur lit & dans les salles, à peine de châtiment, sauf auxdits convalescens à aller fumer dans les lieux qui leur seront indiqués à cet effet.

15.

IL est pareillement défendu à tous malades ou blessés, de jouer dans les salles à aucune sorte de jeux qui peuvent faire du bruit ou exciter des querelles & rixes; l'argent qui se trouvera devant les joueurs, sera saisi & distribué sur le champ aux pauvres.

16.

TOUT Soldat, Cavalier, Chevau-léger, Hussard, Dragon ou Chasseur à cheval, qui jurera, blasphémera ou tiendra de mauvais discours dans l'Hôpital, sera puni par le Commissaire des guerres selon l'exigence des cas, soit pendant son séjour à l'Hôpital, soit à sa sortie.

17.

FAIT Sa Majesté défenses à tous malades d'entrer dans les bureaux, cuisines, boucheries, panneteries, caves, apothicaireries, magasins & autres lieux où leur présence

H

n'est pas néceſſaire, & d'y troubler le ſervice, à peine de punition.

18.

TOUS les malades ſe trouveront à leur lit lors de la diſtribution des alimens, à peine de punition. Leur ſait, Sa Majeſté, défenſe de manger & boire dans une autre place que celle où ils couchent.

19.

LES Élèves-chirurgiens & Apothicaires qui couchent dans les Hôpitaux, devront rentrer avant dix heures du ſoir; paſſé cette heure ils n'y ſeront plus reçus; & le Portier ſera tenu de rendre compte au Commiſſaire des guerres de tous ceux qui auront découché; ledit Commiſſaire des guerres les punira, ainſi qu'au cas appartiendra.

20.

LES convaleſcens ne pourront, en aucun cas, être employés comme Infirmiers dans l'Hôpital.

21.

IL ſera établi dans tous les Hôpitaux conſidérables, ſur-tout dans ceux où la maladie vénérienne eſt traitée, de même que dans ceux des Eaux minérales, une priſon où les malades vénériens & autres qui auront commis des fautes graves ſeront envoyés par le Commiſſaire des guerres dès qu'ils pourront l'être ſans inconvénient pour leur état; ils y ſeront couchés ſur de la paille, & punis par la privation des alimens & boiſſons qui pourroient auſſi leur être retranchés ſans inconvénient, d'après l'avis des Officiers de ſanté.

TITRE XVI.

Des Teſtamens des malades ou bleſſés, dans les Hôpitaux.

Nul ne pourra teſter en faveur des Officiers de l'Hôpital où il ſera, pas même de l'Aumônier ni de ſon Couvent, ſous prétexte de legs pieux; & les teſtamens au profit deſdits Officiers de l'Hôpital, Aumôniers ou leurs Couvens, ſeront nuls & de nul effet. L'Aumônier pourra cependant, en envoyant l'extrait mortuaire, informer la famille des intentions du défunt.

TITRE XVII.

De la Sortie des Soldats, Cavaliers, Chevaux-légers, Huſſards, Dragons & Chaſſeurs à cheval, des Hôpitaux.

ARTICLE PREMIER.

Les billets de ſortie ſeront expédiés dans un cartouche conforme au modèle annexé à la préſente Ordonnance, contenant le nom du régiment & de la compagnie, ceux de famille & de guerre du Soldat, Cavalier, Chevau-léger, Huſſard, Dragon ou Chaſſeur à cheval, celui du lieu de ſa naiſſance, l'Élection, Bailliage & Sénéchauſſée ou Châtellenie dans le reſſort deſquels ledit

H ij

lieu fera fitué; la date de fon entrée dans l'Hôpital & celle de fa fortie.

Ils feront faits doubles, pour l'un être remis au convalefcent fortant, & l'autre être joint, comme pièce juftificative, aux états de dépenfes qui feront envoyés au Secrétaire d'État de la Guerre.

Lefdits billets feront fignés par les Médecin & Chirurgien-major qui auront ordonné la fortie du convalefcent; ils y fpécifieront s'il fort guéri ou non; & dans le dernier cas, ils infcriront au dos defdits billets le détail fommaire des motifs auxquels ils attribuent la non-guérifon, & figneront la déclaration.

Ces billets de fortie feront auffi fignés par les Directeurs, & vifés par le Commiffaire ou Subdélégué.

2.

LES Médecin & Chirurgien-major ne prefcriront la fortie des convalefcens, qu'après les avoir mis pendant trois ou quatre jours au moins, à la portion entière, pour s'affurer de leur rétabliffement.

3.

LES convalefcens, les malades qui devront fortir de l'Hôpital feront infcrits, dès la veille, fur une lifte qui fera remife à cet effet par les Médecin & Chirurgien-major au Commiffaire des guerres ou au Contrôleur, qui viferont ladite lifte & la remettront au Directeur de l'Hôpital, lequel devra expédier, en conféquence, les billets de fortie.

4.

AU moyen de la lifte ci-deffus, le Directeur étant

averti des malades ou bleſſés qui devront ſortir le lendemain,
la journée de la ſortie ne ſera point paſſée dans l'état de
la dépenſe de l'Hôpital.

5.

DANS le jour preſcrit pour la ſortie des convaleſcens,
les Médecins ou Chirurgiens-majors ſe feront repréſenter la
liſte qu'ils auront remiſe la veille, pour reconnoître ſi les
malades ſont effectivement renvoyés, ou examiner ſi les
cauſes pour leſquelles ils auroient été retenus ſont légi-
times; en cas qu'elles ne le ſoient point, ils en donneront
avis ſur le champ au Commiſſaire des guerres & au
Contrôleur, pour y pourvoir, ainſi qu'il appartiendra.

6.

LES Soldats, Cavaliers, Chevaux-légers, Huſſards,
Dragons ou Chaſſeurs à cheval, ſortis des Hôpitaux,
ſeront tenus, en rejoignant leur Corps, de repréſenter &
remettre leur billet de ſortie à leurs Officiers; à peine pour
ceux qui ne le repréſenteront point d'être punis comme
vagabonds. Ceux qui auront employé pour rejoindre leur
Corps au-delà du temps néceſſaire, ſeront punis de la
même manière, à moins d'excuſe légitime.

7.

SI dans le nombre des malades reçus dans les Hôpitaux,
il s'en trouvoit qui n'euſſent que des indiſpoſitions légères,
ſuſceptibles par leur nature de quelques ſoins ſeulement,
& non pas d'un traitement, les Médecins & Chirurgiens-
majors en ordonneront à l'inſtant la ſortie, en en prévenant
le Commiſſaire des guerres, lequel devra, au cas qu'il
reconnoiſſe de la négligence de la part du Chirurgien-

major du régiment qui aura envoyé lesdits malades, en rendre compte au Secrétaire d'État ayant le département de la Guerre, à la suite du procès-verbal de l'Assemblée qui doit se tenir tous les deux mois.

8.

Si parmi les malades reçus dans l'Hôpital, les Officiers de santé découvrent des Soldats qui affectent des maladies qu'ils n'ont pas, ils auront soin d'en informer à l'instant le Commissaire des guerres, qui devra les renvoyer au régiment auquel ils appartiennent, & les désigner aux Commandans des Brigades de Maréchaussée, pour qu'ils veillent à les faire rejoindre.

9.

LES malades reçus dans un Hôpital, attaqués de maux incurables & hors d'état de servir par les suites de leurs blessures ou de leurs infirmités, seront dénommés dans un état motivé, certifié par les Médecin & Chirurgien-major, pour ledit état être remis sans délai au Commissaire des guerres.

10.

LORSQUE le régiment auquel un malade de cette espèce se trouvera appartenir, ne sera qu'à la distance de vingt-cinq à trente lieues, le Commissaire des guerres l'y renverra tout de suite avec un billet de sortie, au dos duquel sera transcrit le certificat des Médecin & Chirurgien-major.

Si le régiment est à une distance plus éloignée, le Commissaire des guerres sera tenu de prendre à cet égard des renseignemens dont il rendra compte au Secrétaire d'État ayant le département de la Guerre, en lui adressant le certificat d'incurabilité, afin qu'il puisse prononcer sur

le sort de cet homme.

I I.

Au cas qu'un Soldat réduit à une incurabilité absolue, n'eût aucun moyen de subsister chez lui, veut Sa Majesté que cet homme soit alors rayé du contrôle du régiment auquel il appartient; & sur le compte qui en sera rendu au Secrétaire d'État ayant le département de la Guerre, par le Commissaire des guerres, il sera adressé des ordres pour faire envoyer ledit malade, aux frais du Roi, dans l'Hôpital de charité le plus voisin, & pour l'y entretenir sur le pied qui sera convenu avec les Administrateurs dudit Hôpital, ainsi & de la même manière qu'il en a été usé dans tous les temps. Les Administrateurs des Hôpitaux seront payés de la somme réglée pour cet objet, sur les ordonnances des Intendans des Généralités, qui s'assureront de l'existence desdits Soldats, & en informeront tous les six mois le Secrétaire d'État ayant le département de la Guerre.

I 2.

Les maladies chroniques susceptibles de guérison, continueront d'être traitées aux Hôpitaux; mais les Officiers de santé auront soin de ne pas les y laisser s'invétérer; & pour cet effet ils essayeront de faire changer d'air les Soldats attaqués de pareilles maladies. En conséquence, Sa Majesté autorise les Commandans des Corps à envoyer chez eux, ou dans un des Hôpitaux bourgeois du Royaume qui sera désigné par le Secrétaire d'État ayant le département de la Guerre, les Soldats attaqués desdites maladies, & ce, sur les certificats des Médecins & Chirurgiens-majors des

Hôpitaux, visés des Commissaires des guerres qui en ont la police ; lesquels certificats feront mention du temps qu'il aura paru nécessaire d'accorder auxdits Soldats pour rester dans leur pays ; & les congés qui leur seront donnés seront limités en conséquence.

Enjoint Sa Majesté aux Commandans des Brigades de Maréchaussée du Royaume, de veiller sur lesdits Soldats, de les faire rejoindre à l'expiration de leurs congés, & même auparavant, si leur santé est rétablie ; & dans le cas où à l'expiration de leurs congés ils ne seroient pas en état de joindre, de les conduire chez le Commissaire des guerres ou le Subdélégué, qui les fera visiter par des Médecins & Chirurgiens du lieu bien famés, lesquels lui délivreront deux certificats pareillement motivés, qu'il adressera au Ministre, qui en fera passer un au régiment auquel appartiennent lesdits Soldats. Le Commissaire des guerres ou le Subdélégué sera alors autorisé à proroger leurs congés.

Ordonne Sa Majesté aux Commandans des Corps de représenter ces certificats à l'Inspecteur à sa première revue, pour, qu'après avoir pris tous les renseignemens qu'il jugera à propos de se procurer, il prononce la réforme de l'homme, & le fasse rayer des contrôles, s'il y a lieu.

13.

POUR obvier à la prolongation & aux suites fâcheuses des convalescences longues qui souvent dégénèrent en langueur, par la qualité de l'air que l'on respire dans les Hôpitaux, il sera établi à portée des principaux Hôpitaux militaires, & sur-tout de ceux situés dans les villes dont l'air est humide, des dépôts de Convalescens, qui seront placés, soit

dans

dans d'autres villes voisines, soit à la campagne, si faire se peut, dans les lieux dont l'air soit pur & salubre, en employant pour ces établissemens les moyens les plus économiques que les Intendans des Provinces auront soin de faire connoître au Secrétaire d'État ayant le département de la Guerre.

14.

LES Officiers de santé remettront au Commissaire des guerres, un rapport de l'état des Soldats convalescens, ainsi que de ceux attaqués de maladies chroniques non contagieuses, dégénérées en simples langueurs, auxquels ils jugeroient que le changement d'air pourroit être salutaire : le Commissaire des guerres communiquera ce rapport aux Commandans des Places & des Régimens, qui en rendront compte sur le champ au Commandant de la Province, lequel pourra expédier les ordres nécessaires pour le départ desdits convalescens ; ce dont il informera le Secrétaire d'État ayant le département de la Guerre. Le Commissaire des guerres, qui se concertera avec les Commandans des Places & ceux des Régimens, sur les précautions qui peuvent être relatives au départ desdits convalescens, en instruira l'Intendant de la Province, qui donnera des ordres en conséquence.

15.

POUR l'exécution des articles précédens, veut & ordonne Sa Majesté, que les Officiers de santé en chef tiennent un registre, tel qu'il leur est prescrit par l'article 10 du Titre XXVIII.

16.

DÉFEND Sa Majesté aux Officiers de santé de ses Hôpitaux, de délivrer, sans nécessité urgente, des certificats

I

aux convalescens qui demanderoient des chevaux ou des voitures pour se transporter à leur régiment : enjoint aux Commissaires des guerres de veiller très-scrupuleusement à l'exécution du présent article.

17.

TOUT ce que dessus sera exécuté par les Médecins & Chirurgiens-majors, à peine de retenue de deux mois d'appointemens, & de plus grande peine s'il y échet, même de destitution de leur emploi, & d'être déclarés incapables de servir dans les Hôpitaux du Roi, s'ils donnoient lieu à des abus graves, par négligence, connivence ou autrement.

18.

LES Administrateurs, Entrepreneurs ou Directeurs des Hôpitaux, rendront gratuitement au régiment, les effets des Soldats décédés dans lesdits Hôpitaux ; & il sera payé auxdits Administrateurs ou Entrepreneurs six sous pour chaque Soldat qui sortira en bonne santé de l'Hôpital où il aura été traité.

TITRE XVIII.

Des Morts & de leur Sépulture.

ARTICLE PREMIER.

IMMÉDIATEMENT après le décès d'un malade ou blessé, son corps sera transporté, par les Infirmiers de quartier, dans le lieu qui sera destiné à cet effet. Fait Sa Majesté très-expresses inhibitions & défenses de laisser

aucun mort dans les falles ou lieux de paffage, à peine
de punition exemplaire contre les Infirmiers.

2.

LES corps des malades ou bleffés décédés, ne feront
enterrés que vingt-quatre heures au plus tôt après leur
mort, excepté dans les cas où le Médecin & le Chirurgien-major en décideroient autrement.

3.

LES enterremens feront faits, autant qu'il fera poffible,
à la pointe du jour; enjoint Sa Majefté aux Aumôniers d'y
affifter pour y réciter les prières ordonnées par l'Églife.

4.

LES foffes dans lefquelles les morts feront enterrés,
auront au moins quatre pieds de profondeur, & feront
très-exactement remplies de terre bien foulée après que
les corps y auront été dépofés: Veut Sa Majefté que les
Foffoyeurs, ou tous autres qui fe trouveront convaincus
d'avoir enlevé les draps ou linceuls dans lefquels les défunts
auront été enfevelis, foient mis en prifon, pour être punis
fuivant l'exigence des cas.

5.

SI les fymptômes d'une maladie avoient donné l'in-
dication de quelque épidémie, ou fi l'incertitude des
caractères avoient empêché d'en connoître la caufe, les
Médecins & Chirurgiens-majors feront ou feront faire,
en leur préfence, l'ouverture des cadavres, à l'effet
d'acquérir les notions capables de déterminer, dans des
cas femblables, l'application du traitement le plus convenable: ils drefferont procès-verbal de ce qu'ils auront

remarqué d'intéreſſant, & l'adreſſeront ſur le champ à
l'Intendant de la province & au Secrétaire d'État ayant
le département de la Guerre.

6.

L'Aumônier de chaque Hôpital, ſera tenu d'avoir
un regiſtre coté & paraphé à chaque page par le Commiſſaire des guerres, dans lequel il inſcrira tous les malades
ou bleſſés qui ſeront morts dans l'Hôpital dont il a la
direction ſpirituelle : ce regiſtre contiendra le nom de
famille & de guerre de chaque Soldat, Cavalier, Chevau-
léger, Huſſard, Dragon ou Chaſſeur à cheval ; le lieu de
ſa naiſſance, l'Élection, Bailliage, Sénéchauſſée ou
Châtellenie dans le reſſort deſquels ledit lieu ſera ſitué ;
le nom du régiment & de la compagnie où il ſervoit, la
date du jour de ſon entrée dans l'Hôpital & celle du jour
de ſa mort.

7.

Au cas que l'Aumônier n'eût pas une connoiſſance
ſuffiſante du Soldat décédé, pour énoncer tous ces détails
ſur ſon regiſtre, il aura recours au billet d'entrée que le
Directeur ſera tenu de lui communiquer.

8.

En cas de retraite ou changement de l'Aumônier d'un
Hôpital pour paſſer dans un autre, l'Aumônier ſortant
ſera tenu de remettre à l'Aumônier entrant le regiſtre dont
il s'agit ; & ledit Aumônier ſortant ne ſera payé de ſes
appointemens qu'en rapportant le récépiſſé dudit regiſtre
ſigné par ſon ſucceſſeur.

9.

L'Aumônier formera ſur chaque article de ſon

registre, deux certificats du décès de chaque Soldat; il les fera légaliser & signer par le Commissaire des guerres ou par le Major de la Place, ou par le Subdélégué, & les remettra ensuite ou les adressera au Commissaire des guerres.

Si le régiment auquel appartenoit l'homme décédé est dans le lieu, le Commissaire des guerres remettra un des deux certificats à l'Officier chargé du détail, pour l'envoyer à la famille, & il adressera l'autre au Secrétaire d'État ayant le département de la Guerre; & dans le cas où le régiment ne se trouveroit point dans la Place, le Commissaire adressera les deux certificats au Secrétaire d'État ayant le département de la Guerre, qui en fera passer un au régiment & l'autre à la famille.

10.

L'Aumônier remettra tous les deux mois l'extrait de son registre au Commissaire des guerres, qui l'adressera au Secrétaire d'État ayant le département de la Guerre, avec le procès-verbal d'assemblée.

11.

Tout ce que dessus sera exécuté par les Aumôniers de chacun des Hôpitaux de Sa Majesté, à peine de la retenue de deux mois d'appointemens.

12.

Pour maintenir l'ordre des successions & assurer le repos des familles des Soldats, Cavaliers, Chevaux-légers, Hussards, Dragons ou Chasseurs à cheval, décédés au service du Roi, & remédier aux inconvéniens qui pourroient résulter de la perte des registres des Aumôniers, ou des certificats mortuaires envoyés aux régimens; ordonne Sa Majesté que, par les ordres du Secrétaire d'État ayant le département de la Guerre, il sera tenu un registre alphabétique, dans lequel, régiment par régiment, & compagnie par compagnie, seront enregistrés tous les Soldats, Cavaliers, Chevaux-légers, Hussards, Dragons ou Chasseurs morts dans les Hôpitaux du Roi; ledit registre contenant leurs noms de famille & de guerre, le lieu de leur naissance, l'Élection, Bailliage, Sénéchaussée ou Châtellenie, dans le ressort desquels ledit lieu sera situé, le nom de l'Hôpital où ils seront décédés, & la date de leur décès; duquel registre il sera délivré gratuitement des extraits par celui qui sera commis & préposé à cet effet par ledit Secrétaire d'État.

TITRE XIX.

De l'Hôpital ambulant.

ARTICLE PREMIER.

LES Hôpitaux ambulans à la suite des Armées, seront dirigés conformément à tout ce qui est prescrit dans les Titres & Articles de la présente Ordonnance.

2.

FAIT défenses Sa Majesté aux Officiers de ses Troupes, d'expédier aux Soldats, Cavaliers, Chevaux-légers, Hussards, Dragons ou Chasseurs malades ou blessés, aucuns billets d'entrée dans les Hôpitaux ambulans, lorsque lesdits malades ou blessés seront en état de se transporter sans danger, dans l'Hôpital fixe le plus voisin.

3.

FAIT Sa Majesté semblables défenses aux Commissaires des guerres, Directeurs & Contrôleurs ayant la police & administration des Hôpitaux ambulans, d'y recevoir ou admettre aucun Soldat, Cavalier, Chevau-léger, Hussard, Dragon ou Chasseur malade ou blessé, qui sera en état de se rendre sans danger dans l'Hôpital fixe le plus prochain; auquel cas les Commissaires des guerres pourront mettre au dos du billet qui leur sera présenté, l'ordre pour la réception du malade ou blessé dans ledit Hôpital le plus prochain.

4.

LES malades ou blessés n'étant admis dans les Hôpitaux ambulans, que pour y recevoir les premiers secours, lesdits Hôpitaux seront évacués journellement sur l'Hôpital le plus prochain, conformément à ce qui est porté par le Titre II.

TITRE XX.

De la forme & de l'arrêté des états de dépense des Hôpitaux du Roi.

ARTICLE PREMIER.

LE Directeur de chaque Hôpital sera tenu d'avoir pour chaque deux mois, un registre sur lequel il portera jour par jour, & sans aucun blanc ni interligne, tous les malades ou blessés, restés dans l'Hôpital le dernier du mois précédent, ceux qui y seront entrés pendant les mois courans, ceux qui en seront sortis, & enfin ceux qui y seront décédés; ce registre sera paraphé à chaque page, par le Commissaire des guerres.

2.

LE registre contiendra pour chaque malade ou blessé, les noms du régiment & de la compagnie, ceux de famille & de guerre, avec la qualité, le lieu de la naissance, l'Election, Bailliage, Sénéchaussée ou Châtellenie, dans le ressort desquels ledit lieu sera situé; le jour de l'entrée, celui de la sortie & celui de la mort, conformément aux billets d'entrée qui leur seront remis, ainsi qu'il est ordonné au Titre I.er, article 4; & ledit Directeur enliassera lesdits billets d'entrée & de sortie, par ordre de régiment & de date.

3.

LE Contrôleur de l'Hôpital, s'il y en a, tiendra de sa part, un registre semblable, qu'il remplira au moyen des billets d'entrée qui lui seront présentés avant d'être remis au Directeur, des états de transport des malades de l'Hôpital dans un autre, des notes ou listes des Médecins & Chirurgiens-majors, pour la sortie des convalescens ou incurables, qui lui seront communiquées chaque jour, des billets desdites sorties qu'il visera, & des registres des Aumôniers & Chirurgiens qu'ils seront tenus de lui représenter toutes les fois qu'il le demandera.

4.

TOUS les deux mois le Directeur de l'Hôpital sera tenu de présenter, dans les huit premiers jours du mois suivant, au Commissaire des guerres, l'état des journées des Soldats qui restoient audit Hôpital, au 1.er desdits

deux

73

deux mois précédens, de ceux qui y seront entrés
malades ou blessés pendant lesdits deux mois, de ceux
qui en seront sortis & de ceux qui y seront morts : cet
état sera distingué régiment par régiment, & contiendra
en plusieurs colonnes, le nom de la compagnie de chaque Soldat, Cavalier, Chevau-léger, Hussard, Dragon
ou Chasseur à cheval ; ses noms de famille & de guerre,
le lieu de sa naissance, l'Élection, Bailliage, Sénéchaussée
ou Châtellenie, dans le ressort desquels ledit lieu sera
situé ; le grade du malade, la nature des maladies sous
les dénominations de *fièvreux, blessé* ou *vénérien ;* les jours
d'entrée, de sortie ou de mort ; & le total des journées
que chaque malade sorti ou mort, aura passées dans l'Hôpital, sera porté dans la même ligne, où seront de suite
mentionnées les retenues faites sur chacun d'eux.

5.

DANS le nombre des journées de l'état ci-dessus, ne
seront point compris le jour de la sortie, ni même celui
de la mort, à moins que le malade ne meure le jour de
son entrée à l'Hôpital.

6.

LES malades restans seront compris nominativement
dans lesdits états, & le nombre de leurs journées y sera
de même porté ; mais la dépense qui les concerne n'y
sera employée que lors de la sortie desdits malades restans,
& les journées ne seront payées qu'à cette époque, aux
Administrateurs ou Entrepreneurs.

7.

LE Directeur joindra à l'état ci-dessus, les pièces justificatives de l'entrée de chaque Soldat, Cavalier, Chevau-

K

léger, Huſſard, Dragon ou Chaſſeur à cheval, conſiſtant dans les billets d'entrée & les états d'évacuation des malades ou bleſſés qui auront été envoyés des autres Hôpitaux.

Il joindra au même état, les doubles des billets de ſortie.

8.

A l'égard des Soldats reſtans qui ſeront mentionnés dans ledit état, ſuivant l'article 6 précédent, le Directeur ne devant porter en dépenſe leurs journées que lorſqu'ils ſeront ſortis, il gardera par-devers lui, leurs billets d'entrée juſqu'au moment de leur ſortie ou de leur mort, lors de laquelle ſeulement pourront être exercées les retenues qui les concerneront.

9.

I L ſera fait à la ſuite dudit état, une récapitulation du nombre de journées, & du montant des retenues faites: laquelle récapitulation contiendra, en pluſieurs colonnes, régiment par régiment, le nombre des hommes ſortis ou morts, & celui des journées, diſtingué par genre de maladies, & le montant des retenues par chaque régiment.

10.

CETTE récapitulation ſera ſuivie de l'état général des dépenſes, dans lequel ſera établi le montant de toutes les journées, tant d'Officiers que de Soldats & autres, ſortis ou morts, d'après les prix fixés par les marchés, en déduction duquel montant ſera enſuite porté le total des retenues, pour le réſultat être au compte du Roi.

II.

A la suite de ce résultat seront portés les appointemens & journées de nourriture au compte du Roi, des Commis aux salles, des Chirurgiens & Apothicaires-aide-majors, Sous-aide-majors & Elèves, des Portiers & Infirmiers; & ces dépenses, réunies au résultat qui les précède, formeront le total de celles qui devront être employées dans les états de dépenses des journées.

I 2.

ENFIN, l'état sera terminé par une seconde récapitulation des malades ou blessés restés des mois précédens, de ceux qui seront entrés, sortis ou morts pendant les deux mois dont il s'agit d'établir la dépense, & de ceux qui restoient le dernier desdits deux mois.

I 3.

LE Directeur sera tenu de faire mention dans la colonne des jours de sortie, des Soldats, Cavaliers, Chevaux-légers, Hussards, Dragons ou Chasseurs à cheval qui, de son Hôpital, auront été envoyés dans un autre ; ce qu'il sera, en écrivant au-dessous de la date de la sortie, le nom de l'Hôpital où ledit Soldat, Cavalier, &c. aura été envoyé.

La colonne de la sortie sera divisée à cet effet en deux, dont l'une désignera les malades sortis par billet, & l'autre ceux sortis par évacuation.

I 4.

L'ÉTAT présenté au Commissaire des guerres en la forme ci-dessus, sera par lui vérifié sur les pièces justificatives, en présence du Contrôleur, de l'Aumônier, du

Médecin & du Chirurgien-major, lesquels apporteront les regiſtres qu'ils auront tenus, & les communiqueront au Commiſſaire lorſqu'ils en ſeront requis; & ladite vérification faite, l'état certifié par les Directeur & Contrôleur conforme à leur regiſtre, ſera clos & arrêté par ledit Commiſſaire.

1 5.

VEUT & ordonne Sa Majeſté, qu'au cas que par la vérification ci-deſſus, il ſe trouve que les Directeurs aient employé des noms de malades ou bleſſés ſuppoſés, ou qu'ils aient augmenté les journées deſdits malades ou bleſſés au-delà de celles qu'ils ont effectivement paſſées dans l'Hôpital, il en ſoit dreſſé procès-verbal par le Commiſſaire des guerres, qui le fera ſigner par les Contrôleur, Aumônier, Médecin & Chirurgien-major préſens, pour, ſur le vu dudit procès-verbal, être leſdits Directeurs qui auront préſenté leſdits états de dépenſe, privés de leur emploi, & condamnés en une amende de quinze cents livres, applicable à l'Hôpital des pauvres du lieu, ou autre plus prochain, s'il n'y en a point dans le lieu; & au cas qu'il y ait un dénonciateur, la moitié de l'amende ſera prononcée à ſon profit, & l'autre moitié au profit de l'Hôpital du lieu ou du plus prochain; de laquelle moitié d'amende le dénonciateur ſera payé en déduction de ce qui ſera dû à l'Adminiſtrateur ou Entrepreneur, tenu de répondre civilement des faits de ſon Directeur, ſur le certificat du Commiſſaire des guerres, portant que la fauſſeté ou la ſuppoſition a été reconnue ſur la dénonciation.

1 6.

INDÉPENDAMMENT dudit état de journées & des

dépenses qui y sont relatives, il sera fait un état séparé des dépenses extraordinaires, au compte du Roi, que l'Administrateur, Entrepreneur ou Directeur est tenu de payer tous les deux mois, consistant dans les appointemens des Contrôleurs, de l'Aumônier, des Officiers de santé en chef, ainsi qu'ils sont réglés aux Titres qui les concernent, & autres objets de dépense qu'il est tenu d'acquitter.

17.

EN marge de l'état nominatif de tous ceux dont le Directeur payera les appointemens, sera porté leur acquit; & pour tous les autres objets de dépense qu'il sera tenu d'acquitter, il rapportera les pièces justificatives des payemens qu'il en aura faits.

18.

IL sera fait, tous les deux mois, quatre expéditions de chacun de ces états, signées les unes comme les autres par le Directeur, par le Contrôleur & le Commissaire des guerres; desquelles expéditions trois seront envoyées par le Commissaire des guerres au Commissaire-ordonnateur, ou principal du département, qui, après les avoir visées, les adressera, avec les pièces justificatives, à l'Intendant de la Province, qui en devra faire passer une au Secrétaire d'État de la Guerre, avec lesdites pièces justificatives, remettra au Trésorier la seconde, revêtue de son ordonnance, & conservera la troisième : & seront lesdites expéditions remises à leur destination le 10, & au plus tard le 15 du mois suivant ceux pour lesquels l'état aura été arrêté, à peine contre les Directeurs de cent livres d'amende pour les retards qui proviendroient de leur négligence.

LE montant du prix des journées, fera porté dans les états de dépenfe formés chaque deux mois, fur le pied réglé par les Traités faits avec les Adminiftrateurs ou Entrepreneurs.

TITRE XXI.

Des Retenues aux Troupes pour journées d'Hôpitaux.

ARTICLE PREMIER.

LES retenues à faire aux Troupes pour les journées des Soldats aux Hôpitaux, feront exercées, conformément aux Tarifs dreffés à ce fujet; & lorfque les Troupes feront dans le royaume, fur tous les régimens & corps auxquels lefdits Soldats appartiendront.

2.

EN conféquence, veut Sa Majefté, que les Commif-faires des guerres, lors de leurs revues, dans lefquelles ils ne doivent comprendre que les hommes préfens fous les armes, ceux abfens par femeftre ou par congé limité, & ceux exiftans dans l'Hôpital du lieu, foient tenus de porter à la fuite, pour *mémoire* feulement, les hommes déclarés exiftans dans les Hôpitaux externes, & de les rappeler dans leur revue fubféquente (au moyen d'un état nominatif arrêté par eux, qui reftera annexé à chaque extrait de revue) fur le vu des feuilles de retenue qui

79

leur feront préfentées par les régimens à qui le Tréforier les aura données pour comptant ; & ce pour tout le temps que lefdits hommes auront féjourné dans lefdits Hôpitaux ; lefquelles feuilles de retenue feront jointes à la revue qu'ils adrefferont aux Intendans des Provinces, comme pièces juftificatives.

3.

LORSQUE les Armées feront hors du royaume, les retenues cefferont d'être exercées ; les Commiffaires des guerres pafferont alors comme abfens les hommes déclarés être aux Hôpitaux, & n'en feront mention que pour *mémoire* dans leurs extraits de revues.

4.

TOUTES les feuilles de retenue feront vérifiées par le Commiffaire des guerres, fur les contrôles des régimens, pour éviter toute erreur.

5.

LES feuilles de retenue feront expédiées tous les deux mois par les Adminiftrateurs ou Entrepreneurs des Hôpitaux militaires & de charité, conformément aux états de dépenfes ; elles feront certifiées par le Directeur, contrôlées par le Contrôleur, & vifées par le Commiffaire des guerres, chargé de la police de l'Hôpital.

Le montant defdites feuilles de retenue fera acquitté dans chaque endroit, fans déduction des quatre deniers pour livre, par le Tréforier de la guerre, qui les donnera pour comptant aux régimens.

6.

LESDITES feuilles de retenue contiendront les noms

des compagnies, de famille & de guerre de tous les malades fortis de chaque Hôpital, leur grade, le nombre de leurs journées & la fomme à retenir. Au dos defdites feuilles de retenue, feront portés nominativement les malades du même régiment reftans à l'Hôpital, pour lefquels il ne doit être expédié de feuille de retenue que lors de leur fortie, & ce, pour donner feulement connoiffance audit régiment, de l'Hôpital où font reftés lefdits malades.

7.

LES retenues fur la folde des Soldats, Cavaliers, Chevaux-légers, Huffards, Dragons ou Chaffeurs à cheval, feront faites, à la réferve de ce qui eft affecté à la maffe des Troupes pour l'entretien du linge & chauffure, conformément aux tarifs, & portées dans les états de dépenfe, en déduction de ce qui eft à payer par le Roi.

8.

LES retenues fur les Officiers, pour les journées qu'ils auront paffées aux Hôpitaux, feront faites au prix porté dans les tarifs.

9.

LES retenues qu'il eft d'ufage de faire, pour raifon de la dépenfe des Servans, en fus du prix de la journée, fur lefdits Officiers & tous ceux dénommés dans les tarifs, autres que les Soldats, Cavaliers, Chevaux-légers, Huffards, Dragons ou Chaffeurs à cheval, feront exercées conformément auxdits tarifs, & portées dans les états de dépenfe, en déduction de ce qui eft à payer par Sa Majefté.

10. LA

8 $_1$

1 O.

LA dépenſe des hommes de recrue qui n'auront point
encore rejoint leurs régimens ou les dépôts qui leur ſeroient
affeētés, ſera à la charge des corps pour leſquels ils ſont
deſtinés, conformément aux diſpoſitions énoncées en
l'article 7 du Titre Ier

1 1.

LES journées qui ſe trouveront employées dans les
états d'Hôpitaux pour le 31 des mois de Janvier, Mars,
Mai, Juillet, Août, Oētobre & Décembre, ſeront payées
en entier au compte de Sa Majeſté, & ſur le même pied
que les autres journées.

1 2.

LE droit de ſix ſous pour la ſortie de chaque conva-
leſcent, accordé à l'Adminiſtrateur ou Entrepreneur pour
la garde des effets des malades, & de quarante ſous pour
chaque enterrement, ſera pareillement porté en entier au
compte du Roi.

Les ſix ſous de ſortie ne ſeront point alloués pour
ceux des malades qui ſortiront par évacuation.

1 3.

S'IL y a des feuilles de retenues refuſées, les raiſons
de refus ſeront détaillées par écrit ſur la feuille même,
viſée par le Commiſſaire des guerres, chargé de la police
du régiment, & la feuille renvoyée. Dans les cas où le
refus auroit été fondé, l'erreur ſera corrigée dans un état
de dépenſe ſubſéquent, auquel ſera jointe la feuille de
retenue refuſée.

L

14.

LA valeur des effets appartenans à l'Adminiſtrateur ou Entrepreneur, leſquels ſeront caſſés ou dégradés par les malades, ou tous autres attachés au ſervice, lui ſera payée par retenue ſur les appointemens, gages ou ſolde de ceux qui les auront briſés.

TITRE XXII.

Des Commandans des Places.

ARTICLE PREMIER.

LE mouvement de l'Hôpital ſera porté chaque jour au Commandant de la Place.

2.

LES Commandans des Places chargeront, chaque jour, un ou pluſieurs Officiers de la garniſon, de la viſite de l'Hôpital, leſquels ſeront tenus d'aſſiſter à la diſtribution des alimens du matin, de même qu'à celle du ſoir.

3.

LES Officiers ne pouvant rien ordonner, il leur ſera préſenté, lors de leur viſite, un regiſtre coté & paraphé par le Commiſſaire des guerres, dans lequel ils porteront en bref, les obſervations qu'ils auront à faire ſur les diverſes fournitures qui y ſeront déſignées, pour qu'en marge de chaque article leſdits Officiers puiſſent en indiquer les qualités, & que ce regiſtre repréſenté au Commiſſaire des

guerres, lui annonce chaque jour le jugement qu'ils en ——————
auront porté.

4.

LES Officiers chargés de la visite de l'Hôpital rendront compte au Commandant de la Place de tout ce qu'ils auront remarqué lors de leur visite. Le Commandant de la Place fera lui-même des visites à l'Hôpital, soit de jour, soit de nuit, toutes les fois qu'il le jugera convenable, pour s'assurer si le service s'y fait conformément aux Ordonnances; s'il s'aperçoit de quelques abus, il en avertira le Commissaire des guerres, pour qu'il les fasse cesser; faute de quoi il en rendra compte au Commandant de la Province.

5.

IL sera commandé, chaque jour, un ou deux Sergens de planton, qui devront, suivant l'usage, assister aux pesées de la viande du matin & de l'après-midi, ainsi qu'à celles du pain, après s'être fait remettre par le Directeur, le mouvement qui doit certifier la quantité de Malades, d'Infirmiers ou autres qui doivent participer à la consommation des alimens; lesdits Sergens se conformeront à ce qui est prescrit par l'article 7 du Titre VIII, & à ce qui pourroit leur être ordonné pour le bien du service, par le Commissaire des guerres.

6.

LORSQUE les bâtimens de l'Hôpital exigeront des réparations considérables, ou qu'il sera nécessaire de procéder à la construction de nouveaux bâtimens pour le service, les Commandans des Places seront appelés à

TIT. XXII.

donner leur avis, tant sur la nature des ouvrages à faire, que sur le devis qui en sera dressé; & l'adjudication desdits ouvrages, s'il y a lieu, ne pourra se faire qu'en leur présence; les Commandans des Places rendront compte du tout au Commandant de la Province.

TITRE XXIII.

Des Commissaires-ordonnateurs & principaux des guerres; & des Commissaires à département, chargés de la police des Hôpitaux.

ARTICLE PREMIER.

LES Commissaires-ordonnateurs & principaux des guerres, auront, sous l'autorité des Intendans des Provinces, la police supérieure des Hôpitaux établis dans l'étendue de leurs départemens; ils les visiteront au moins une fois par an, & s'y transporteront toutes les fois que les circonstances l'exigeront; ils veilleront à ce que les Commissaires à département, chargés de la police de chaque Hôpital, y remplissent exactement les fonctions qui leur sont attribuées, & leur donneront à cet effet les instructions qu'ils jugeront convenables, après néanmoins qu'elles auront été approuvées par les Intendans de la Généralité, auxquels ils doivent les communiquer. Les Commissaires-ordonnateurs & principaux, se conformeront au surplus à tout ce qui leur est prescrit par la présente Ordonnance.

2.

TOUS les Officiers & Employés de chaque Hôpital,

fans aucune exception, feront aux ordres du Commiffaire
des guerres auquel ils rendront compte de leur conduite,
& feront tenus de repréfenter leurs regiftres, toutes les
fois qu'il le requerra, à peine de défobéiffance.

3.

LE Commiffaire des guerres tiendra la main à ce que
lefdits Officiers & Employés exécutent ce qui leur eft
prefcrit par les articles de la préfente Ordonnance ; en
cas de négligence, fraude ou autres délits de la part des
Directeurs, Contrôleurs, Commis aux falles, Aumôniers,
Médecins, Chirurgiens-majors, Apothicaires en chef,
Chirurgiens & Apothicaires-aides-majors, Sous-aides-
majors & Elèves, il en inftruira l'Intendant du département
& procédera contre eux, ainfi qu'il eft ordonné pour les
cas qui ont été prévus, même pourra les interdire, pour
cas grave, jufqu'à nouvel ordre.

4.

A l'égard des Infirmiers, Portiers, Cuifiniers, Balayeurs,
& généralement de tous les Employés fervans de l'Hôpital, foumis à fa police, il les punira des peines portées en
la préfente Ordonnance ; & dans les cas imprévus, par des
amendes prononcées au profit des pauvres du lieu,
expulfion de l'Hôpital & emprifonnement, fuivant les
circonftances, à la charge néanmoins d'en informer
l'Intendant du département.

5.

TOUT Soldat, Cavalier, Chevau-léger, Huffard,
Dragon ou Chaffeur, malade ou bleffé, fera pareillement
foumis aux ordres & à la juridiction du Commiffaire des

guerres, dans tous les cas qui intéresseront le service & la

police de l'Hôpital.

6.

LE Sergent de garde de l'Hôpital recevra les consignes du Commissaire des guerres, pour les donner aux Sentinelles, & sera à ses ordres.

7.

LE Commissaire des guerres veillera particulièrement fur les Aides-majors, Sous-aides-majors, Élèves-chirurgiens & Apothicaires ; il aura foin de se faire rendre compte de leurs talens, de leur application, de leurs mœurs, de leur conduite, & de se faire remettre tous les six mois, par les Officiers de santé en chef, un état où sera consigné le jugement qu'ils en porteront, pour adresser ledit état avec ses observations, au Secrétaire d'État ayant le département de la guerre, & copie à l'Intendant de la Province.

8.

TOUS les Chirurgiens & Apothicaires-aides-majors, Sous-aides-majors & Élèves, étant payés au compte du Roi, ainsi que les Portiers & Infirmiers, le Commissaire des guerres tiendra la main à ce qu'il n'en foit employé aucun dans les Hôpitaux que conformément aux règles preferites.

9.

LA surveillance du Commissaire des guerres devant aussi s'étendre fur les bâtimens des Hôpitaux militaires, il rendra compte au Secrétaire d'État ayant le département de la Guerre, dans le procès-verbal de l'assemblée qui sera tenue tous les deux mois, de l'état des bâtimens,

ainsi que des réparations & ouvrages qu'ils exigeroient,
& pourra ordonner les dépenses urgentes & menues
réparations jusqu'à la concurrence de trois cents livres
par année & par Hôpital, ainsi qu'il est prescrit par le
Titre XXXIV; à charge de rendre compte audit
Secrétaire d'État desdites menues réparations, & de justifier
de leur exécution par des états qui en contiendront le
détail, lesquels seront certifiés par ledit Commissaire des
guerres, & payés, sur ses ordres, par les Administrateurs
ou Entrepreneurs, aux particuliers qui auront fait lesdits
ouvrages.

1 0.

INDÉPENDAMMENT des visites journalières que le
Commissaire des guerres fera dans les salles, offices &
magasins de l'Hôpital, il en fera souvent d'extraordinaires
de jour & de nuit, & au moment où il fera le moins
attendu, pour s'assurer par lui-même de la régularité du
service; lors de ces visites, il se fera rapporter le registre
du Directeur, sur lequel il fera l'appel des malades &
blessés, Chirurgiens, Apothicaires & Infirmiers; & au cas
de supposition, il procédera ainsi qu'il appartiendra.

1 1.

LE Commissaire des guerres sera tenu au surplus de
se conformer à tout ce qui le concerne personnellement
dans les différens Titres de la présente Ordonnance.

TITRE XXIV.

Des Contrôleurs.

ARTICLE PREMIER.

LE Contrôleur établi dans les principaux Hôpitaux, suppléera aux fonctions du Commissaire des guerres en son absence, à l'exception néanmoins des cas de juridiction & des peines à prononcer, qui seront réservées audit Commissaire des guerres, pour y pourvoir à son retour, sur le compte qui lui en sera rendu par le Contrôleur.

2.

A l'égard des fonctions particulières qui le concernent, il se conformera à tout ce qui est prescrit par les articles précédens ou suivans de la présente Ordonnance, & exécutera ponctuellement les ordres qui lui seront donnés par le Commissaire des guerres.

3.

SUR la représentation des billets d'entrée, le Contrôleur tiendra un registre de tous les Soldats qui seront reçus dans l'Hôpital, duquel registre il remettra chaque jour un extrait, faisant état de mouvement, au Commissaire des guerres & un autre au Commandant ou Major de la Place, s'il le requiert : il aura soin, à l'égard de ceux qui seront sortis ou décédés, de faire mention à leur article de la date de leur sortie ou de leur mort ; lesquelles mentions il portera pareillement dans les extraits qu'il

fournira

fournira au Commiſſaire des guerres, Commandant ou
Major de la Place.

4.

LE même Contrôleur tiendra pareillement un autre
regiſtre de tous les Élèves-chirurgiens, Élèves-apothicaires & Infirmiers ſervant les malades & bleſſés ; lequel
agenda contiendra leur nom, les jours de leur entrée,
ceux de leur ſortie, & ceux auxquels ils auront ceſſé de
ſervir pour cauſe de maladie. Il remettra à la fin de chaque
mois un extrait de ce regiſtre au Commiſſaire des guerres,
pour le mettre en état d'arrêter, en plus grande connoiſſance de cauſe, l'état de la dépenſe de l'Hôpital.

5.

LE Contrôleur, en aſſiſtant à l'arrêté dudit état de
dépenſe de chaque deux mois, ſera pourvu de ſes
regiſtres, à l'effet de vérifier, au moyen d'iceux, chaque
article, & de rectifier les erreurs ou prévenir les ſurpriſes.

6.

IL ſera régulièrement tous les jours, à neuf ou dix
heures du ſoir, & quelquefois plus tard, aux heures où
il ſera le moins attendu, une ronde pour voir ſi les
Chirurgiens & Infirmiers de garde veillent & font leur
ſervice, & pour faire punir ceux qui ſeront dans le cas
de l'être.

7.

IL ſera de temps en temps une viſite générale de tous
les bâtimens de l'Hôpital, dans laquelle il ſe fera accompagner de Maçons, Charpentiers & autres Experts, s'il

est néceffaire; & s'il trouve des réparations indifpenfables, il en informera fur le champ le Commiffaire des guerres, afin qu'il y pourvoie ainfi qu'il conviendra.

8.

POUR prévenir tout accident d'incendie, il aura foin que les tuyaux des cheminées, fourneaux & poêles, foient nettoyés & ramonés tous les quinze jours, & même plus fouvent s'il en eft befoin : ce nettoiement étant à la charge de l'Adminiftrateur ou Entrepreneur, le Contrôleur y contraindra ou fera contraindre le Directeur par le Commiffaire des guerres.

9.

LES places de Contrôleurs feront données de préférence aux Officiers parvenus par les grades de bas Officiers, qui feront reconnus capables de les remplir ; toutefois après le remplacement de ceux des anciens auxquels il a été confervé un traitement, & qui feroient jugés en état de pouvoir reprendre leurs fonctions.

1 0.

LES appointemens des Contrôleurs font réglés en raifon de l'ordre dans lequel ont été claffés les Hôpitaux militaires auxquels ils feront attachés :

S A V O I R :

A ceux employés (au nombre de cinq) dans les Hôpitaux du premier ordre............................... 1500"

A ceux employés (au nombre de neuf) dans les Hôpitaux du fecond ordre.............................. 1200.

A ceux employés (au nombre de dix) dans les
Hôpitaux du troisième ordre.................... 800.

Et le nombre des Contrôleurs demeurera ainsi fixé.

I I.

CES appointemens leur seront payés tous les deux mois
par les Administrateurs ou Entrepreneurs qui passeront
cet objet de dépense dans leurs états, sans autre déduction
que celle de quatre deniers pour livre.

I 2.

DANS les Hôpitaux où il n'y aura point de Contrôleurs,
tout ce qui leur est prescrit sera exécuté par les Directeurs
en ce qui concerne les états à fournir, & par les Commis
aux salles, en ce qui concerne la police intérieure.

I 3.

LES Contrôleurs seront logés, autant qu'il sera possible,
dans les Hôpitaux.

TITRE XXV.

*Des Administrateurs, Entrepreneurs, leurs
Directeurs, Commis & Préposés.*

ARTICLE PREMIER.

LES Administrateurs ou Entrepreneurs, leurs Directeurs,
Commis ou Préposés, tiendront des registres exacts, &
se conformeront scrupuleusement à ce qui leur est prescrit
par la présente Ordonnance, ainsi que par les traités qui
leur sont passés, ou le seront à l'avenir.

2.

LES appointemens de l'Aumônier , des Contrôleurs, des Commis aux salles, des Médecins, Chirurgiens-majors, des Chirurgiens & Apothicaires, Aides-majors, Sous-aides-majors & Élèves, ainsi que les gages des Portiers & des Infirmiers, seront payés tous les deux mois par les Administrateurs ou Entrepreneurs qui seront tenus de les porter dans leurs états de dépense, par nom & surnom, suivant leur qualité ou leur grade ; mais en cas de maladie, de mort ou de sortie , leurs appointemens, gages & journées de nourriture devant cesser, le Commissaire des guerres tiendra la main à ce que lesdits appointemens & journées de nourriture ne soient passés que pendant le temps de leur service dans l'Hôpital.

3.

LES nourritures, traitemens, tant en santé qu'en maladie, des Directeurs, Commis & Préposés des Administrateurs ou Entrepreneurs, seront au compte desdits Administrateurs ou Entrepreneurs, auxquels il ne sera passé dans les états de dépense que le traitement en maladie des Aumôniers, Médecins, Chirurgiens-majors & autres dont les appointemens sont payés par le Roi.

4.

TOUS les effets & ustensiles nécessaires à la manutention du service, seront fournis par les Administrateurs ou Entrepreneurs. Tous les effets à demeure, de la garde & conservation desquels ils seront tenus, resteront à la charge du Roi, & tous les ans il en sera fait, dans chaque Hôpital, par le Commissaire des guerres en ayant

la police, un inventaire, dont expédition sera par lui
envoyée au Secrétaire d'Etat ayant le département de la
Guerre, & à l'Intendant de la Province.

5.

LES Administrateurs ou Entrepreneurs devront toujours
avoir des approvisionnemens en quantité suffisante pour
assurer le service pendant six mois au moins ; à l'effet de
quoi il leur sera fourni les magasins & emplacemens
nécessaires.

6.

LES Directeurs seront logés de préférence à tous autres
dans les Hôpitaux.

7.

IL sera permis au Directeur de faire des visites dans
toutes les chambres des Chirurgiens & Apothicaires,
Infirmiers & autres Employés dans l'Hôpital, pour reconnoître s'il ne s'y trouve aucuns effets ou denrées appartenans
à l'Administrateur ou Entrepreneur: ces visites se feront
en présence du Contrôleur ou du Commis aux salles, qui
en rendra compte au Commissaire des guerres.

TITRE XXVI.

Des Commis aux salles.

ARTICLE PREMIER.

SA MAJESTÉ établit des Commis aux salles dans les Hôpitaux militaires pour le maintien de leur police intérieure.

2.

LES Commis aux salles seront subordonnés aux

Contrôleurs, qu'ils suppléeront en tout ce qui concerne la police, & aux Directeurs pour faire exécuter leurs ordres relativement au service.

3.

ILS tiendront la main à ce que les Infirmiers, dont la police leur est particulièrement attribuée, remplissent exactement leurs devoirs.

4.

ILS veilleront à la tenue des salles & à y maintenir la netteté, la clarté, & la température qui doit être réglée par les Officiers de santé.

5.

ILS suivront les visites des Officiers de santé, ainsi que la distribution des alimens & médicamens.

6.

ILS s'attacheront à connoître par de fréquentes visites, tant de jour que de nuit, tout ce qui pourroit être nécessaire aux malades, afin qu'il y soit sur le champ pourvu, soit par eux-mêmes, soit par les Infirmiers auxquels ils prescriront de le faire.

7.

S'ILS s'aperçoivent de quelque négligence dans des détails, qui regardent les Directeurs, ils en préviendront les Contrôleurs, s'il y en a; & à leur défaut, ils pourront faire directement leurs représentations aux Directeurs.

8.

ILS rendront compte au Contrôleur, dans tous les Hôpitaux où il y en aura, & à leur défaut, aux Commissaires des guerres en ayant la police.

9.

Les Commis aux falles feront choifis parmi les bas Officiers, Sergens ou Fourriers retirés du fervice avec folde ou demi-folde.

10.

Le traitement des Commis aux falles, fera fixé à dix-huit livres par mois, & leur fera payé, au compte du Roi, par les Adminiftrateurs ou Entrepreneurs, qui l'em-ploîront dans leurs états de dépenfe de chaque deux mois, en fus de la nourriture qui fera paffée dans les états, au même prix que la journée des malades.

11.

Le nombre des Commis aux falles fera réglé à raifon de deux dans les Hôpitaux du premier ordre; à l'égard de ceux des fecond, troifième & quatrième ordres, où les fonctions defdits Commis feront jugées néceffaires au bien du fervice, il y fera pourvu par le Secrétaire d'État ayant le département de la Guerre, fur le compte qui lui en fera rendu.

TITRE XXVII.

De l'Aumônier.

ARTICLE PREMIER.

L'Aumônier ne fouffrira pas qu'aucun Soldat, Cavalier, Chevau-léger, Huffard, Dragon ou Chaffeur catholique, foit trois jours dans l'Hôpital fans fe confeffer, & n'attendra pas que les Médecin ou Chirurgien-major l'avertiſſent. Il dira, tous les jours, la Meſſe à une heure réglée, fera la prière tous les ſoirs, & enſuite une ronde dans les ſalles, & ne négligera rien pour l'adminiſtration des Sacremens.

2.

L'AUMÔNIER ſera de temps en temps des exhortations dans les ſalles, & couchera dans l'Hôpital, s'il eſt poſſible, ou au moins très-à-portée.

3.

LE pain, le vin, les cierges, & généralement tout ce qui ſera néceſſaire pour l'adminiſtration des Sacremens & l'entretien de la Chapelle, ſera fourni par l'Adminiſtrateur ou Entrepreneur, qui ſera tenu d'avoir une lampe perpétuellement allumée devant l'Autel.

4.

LE traitement de l'Aumônier lui ſera payé, tous les deux mois, par les Adminiſtrateurs ou Entrepreneurs, qui porteront cet objet de dépenſe dans leurs états.

5.

ENJOINT au ſurplus, Sa Majeſté, aux Aumôniers de ſes Hôpitaux, de ſe conformer à ce qui leur eſt preſcrit par le Titre XVIII de la préſente Ordonnance, concernant les regiſtres mortuaires qu'ils doivent tenir, & les extraits qu'ils en doivent envoyer.

TITRE XXVIII.

TITRE XXVIII.

Des Médecins & Chirurgiens-majors.

ARTICLE PREMIER.

LE Médecin se conformera à tout ce qui lui est pres-crit par les articles de la présente Ordonnance qui le concernent.

2.

LES Apothicaires-majors, Aides-majors, Sous-aides-majors & Élèves, seront aux ordres, principalement du Médecin qui pourra proposer au Commissaire des guerres le renvoi de tous les Élèves qui manqueroient de capacité & d'assiduité à leurs devoirs.

Il aura la même autorité sur les Apothicaires-majors & Aides-majors en chef, en informant le Commissaire des guerres & l'Intendant du département, des raisons qu'il y auroit de les renvoyer, afin qu'il y soit pourvu.

3.

LES Médecins en second, dans les Hôpitaux où il en sera placé, seront particulièrement chargés de diriger le Cours de Médecine qui doit y être fait, & de suppléer les premiers Médecins dans leurs fonctions.

4.

LES Médecins surnuméraires appointés, dans les Hôpitaux où il en sera placé, seront subordonnés aux Médecins titulaires desdits Hôpitaux, & en leur absence, ils en rempliront les fonctions.

N

5.

DANS les Hôpitaux où il n'y aura point de Médecin, ou en son absence, tout ce qui lui est prescrit par la présente Ordonnance, sera exécuté par le Chirurgien-major.

6.

LE Chirurgien-major se conformera à tout ce qui lui est prescrit par les articles de la présente Ordonnance qui le concernent.

7.

LE Chirurgien-major est & sera le chef de tous les Chirurgiens-aides-majors, Sous-aides-majors & Élèves de l'Hôpital, qui seront tenus de lui obéir comme à leur Supérieur, en tout ce qui concerne son art & le service ; & il pourra proposer au Commissaire des guerres le renvoi de tous ceux qui manqueroient de capacité & d'assiduité à leurs devoirs.

8.

LE Chirurgien-major obligera tous les Élèves-chirurgiens, de coucher à l'Hôpital ; & s'il y est logé lui-même, il fera une ronde toutes les nuits dans leur chambre, pour s'assurer qu'ils y sont, ou en chargera un Aide-major en sa place.

9.

LE Chirurgien-major en second, dans tous les Hôpitaux où il en sera placé, sera particulièrement chargé des Cours de Chirurgie & d'Anatomie qui devront y être faits, & de suppléer le premier Chirurgien-major dans toutes ses fonctions.

TIT. XXVIII.

10.

LES Médecin & Chirurgien-major de chaque Hôpital, rempliront exactement le registre qu'il leur est ordonné de tenir par l'article 15 du Titre XVII, lequel contiendra les noms des Soldats qui seront reçus dans les Hôpitaux, ainsi que la nature des maladies & infirmités dont ils sont attaqués; & tous les deux mois ils en donneront au Commissaire des guerres un extrait tendant à faire connoître le nombre des Soldats décédés, & la cause de leur mort; le nombre de ceux sortis non guéris & les motifs de leur non-guérison : cet extrait sera joint au procès-verbal de l'Assemblée qui se tiendra tous les deux mois, conformément à l'article I.ᵉʳ du Titre XXXIV.

11.

LES mêmes Officiers de santé remettront aussi, tous les six mois, au Commissaire des guerres, des notes particulières sur les talens, les mœurs & la conduite des Aides-majors, Sous-aides-majors & Élèves-chirurgiens & Apothicaires employés sous leurs ordres.

12.

DANS le cas où les Médecin & Chirurgien-major d'un Hôpital, viendroient à le quitter, pour passer dans un autre ou pour toute autre destination, les sortans seront obligés de remettre à ceux qui les remplaceront, les registres qu'ils auront tenus, conformément à l'article 10, & les notes qu'ils auront faites, conformément à l'article 11; attendu que lesdits registres & notes appartiennent à l'Hôpital, où ils doivent rester en dépôt.

13.

TOUS les Médecins & Chirurgiens-majors des Hôpitaux

N ij

militaires du Royaume, enverront exactement tous les trois mois au Secrétaire d'État ayant le département de la Guerre, les obſervations qu'ils feront ſur les différens ſymptômes & accidens des maladies, & rendront compte particulièrement au Médecin-inſpecteur chargé de la correſpondance, de l'état des Hôpitaux, ſpécialement des Pharmacies, des maladies qui auront régné, & des traitemens qu'ils auront mis en uſage.

14.

LORSQUE les places de Médecins & Chirurgiens-majors des Hôpitaux militaires, viendront à vaquer, les Intendans des Provinces, à qui il en ſera ſur le champ rendu compte par les Commiſſaires des guerres, en informeront le Secrétaire d'État ayant le département de la Guerre, pour y être par lui pourvu, conformément à l'ordre preſcrit par le Règlement de ce jour, concernant les amphithéâtres, pour la diſtribution de toutes les places d'Officiers de ſanté deſdits Hôpitaux : Voulant Sa Majeſté que cet ordre ſoit régulièrement obſervé ; qu'en conſéquence, les ſurnuméraires qui ſe ſeront diſtingués dans les amphithéâtres, ſoient ſucceſſivement promus aux places d'Officiers de ſanté dans les Hôpitaux militaires, & que celles vacantes dans les grands Hôpitaux ſoient accordées à ceux d'entre les Titulaires qui, dans des places moins importantes, ſe ſeront montrés les plus dignes d'occuper les premières.

15.

SA MAJESTÉ rétablit les brevets de Médecins & Chirurgiens-conſultans des Camps & Armées, qu'Elle avoit jugé devoir attribuer à ceux qui s'en étoient rendus dignes ; & ſon intention eſt que le nombre ſoit porté à cinq pour chaque Profeſſion. Voulant Sa Majeſté que ce titre ſoit accordé ſucceſſivement aux Officiers de ſanté qui le mériteront, & ne puiſſe les diſpenſer d'être chargés en temps de guerre, comme en temps de paix, de l'adminiſtration des Hôpitaux les plus conſidérables qui leur ſeroient confiés.

16.

LES traitemens des Médecins & Chirurgiens-majors de tous les Hôpitaux du Royaume, demeureront fixés, comme ils le ſont ci-après, en raiſon de l'ordre dans lequel les Hôpitaux militaires ont été claſſés dans l'état nominatif deſdits Hôpitaux, lequel eſt annexé à la préſente Ordonnance.

SAVOIR,

Hôpitaux militaires du premier ordre.

Aux Médecins en chef.	2000^{tt}
Aux Médecins en ſecond.	1800.
Aux Chirurgiens-majors en chef	2000.
Aux Chirurgiens-majors en ſecond, Démonſtrateurs . .	1800.

Second ordre.

Aux Médecins titulaires	1500.
Aux Médecins ſurnuméraires employés	600.
Aux Chirurgiens-majors	1500.

Troiſième ordre.

Aux Médecins titulaires	1000.
Aux Chirurgiens-majors	1000.

Quatrième ordre.

Aux Médecins.	800.
Aux Chirurgiens-majors	800.

Cinquième ordre.

Aux Médecins & Chirurgiens - majors.............. 600.ᵗ

17.

IL ne sera attaché de Médecin & de Chirurgien-major en second qu'aux Hôpitaux militaires du premier ordre, & il ne sera employé que cinq Médecins surnuméraires appointés dans les Hôpitaux du second ordre.

18.

LE traitement des Médecins & Chirurgiens-majors leur sera payé à l'avenir, tous les deux mois, sans autre retenue que celle de quatre deniers pour livre, à compter du 1.ᵉʳ Juillet prochain, par les Administrateurs ou Entrepreneurs, qui passeront cet objet de dépense dans leurs états.

19.

IL ne sera désormais accordé de pensions auxdits Officiers de santé qu'à l'époque de leur retraite, lorsque l'âge ou les infirmités les mettront hors d'état de servir; & ces pensions seront réglées en raison du traitement dont ils auront joui: au tiers du traitement après trente ans de service; à la moitié après trente-cinq ans; aux deux tiers après quarante ans; & la totalité du traitement sera conservée à ceux qui auront quarante-huit ans de service & au-delà: Se réservant Sa Majesté de leur accorder des gratifications extraordinaires, & même des augmentations d'appointemens à titre de traitement extraordinaire, qui seront attachées au mérite & à l'ancienneté des services & non aux places, dont les traitemens subsisteront tels qu'ils viennent d'être réglés.

20.

LES Officiers de santé auxquels il auroit été accordé des appointemens plus forts que ceux qui leur font attribués par la préfente Ordonnance, continueront d'en jouir, & cet excédant leur fera payé à titre de traitement extra-ordinaire par les Adminiftrateurs ou Entrepreneurs, fans aucune retenue que celle de quatre deniers pour livre.

21.

TOUS les Officiers de santé attachés au fervice des Hôpitaux militaires, feront logés, autant que faire fe pourra, dans les Hôpitaux, ou du moins à une proximité qui leur permette de s'y tranfporter facilement à toutes les heures.

TITRE XXIX.

Des Chirurgiens - aides - majors & Sous - aides - majors.

ARTICLE PREMIER.

LE Chirurgien-major aura fous fes ordres les Chirurgiens-aides-majors & Sous-aides-majors, dont les grades font rétablis, & partagera entre les Chirurgiens de ces grades, s'il y en a, ou bien à leur défaut entre les Éleves les plus inftruits, le foin des falles de l'Hôpital, eu égard à la qualité des maladies ou bleffures, & à leur habileté dans leur art.

2.

LES Chirurgiens Sous-aides-majors, s'il y en a, feront tenus d'obéir aux Aides-majors, lorfqu'ils fe trouveront placés par le Chirurgien-major dans la même salle; à l'exception cependant des cas où le Chirurgien-major auroit donné des ordres contraires à ceux de l'Aide-major.

3.

LES Élèves-chirurgiens attachés à chaque salle, obéiront aux Aides-majors & Sous-aides-majors, s'il y en a, & en cas de contrariété, exécuteront toujours ce qui leur sera prescrit par le Chirurgien supérieur en grade.

4.

EN cas d'absence ou de maladie du Chirurgien-major, & jusqu'à ce qu'autrement il y ait été pourvu, il sera remplacé dans ses fonctions par le Chirurgien supérieur en grade.

5.

LES appointemens des Aides-majors seront de vingt-quatre livres par mois, & ceux des Sous-aides-majors de vingt-une livres par mois, en sus de la nourriture qui sera passée dans les états de dépense, au prix fixé pour la journée du Soldat.

6.

CES appointemens seront au compte du Roi, & seront payés tous les deux mois, sans autre retenue que celle de quatre deniers pour livre, par les Administrateurs ou Entrepreneurs des Hôpitaux, qui emploîront cet objet de dépense dans leurs états.

7.

LES Aides-majors & Sous-aides-majors feront nombre avec les Élèves-chirurgiens qui seront employés dans un Hôpital, à raison du nombre des malades : ils y rempliront

la

le même service & les mêmes fonctions, & il n'en sera établi qu'un de chaque grade dans les Hôpitaux seulement où il paroîtra convenable d'en placer.

8.

PARMI les Élèves-chirurgiens appointés des Hôpitaux militaires, seront choisis les Sous-aides-majors; & parmi les Sous-aides-majors, les Aides-majors, & ce d'après les notes des Officiers de santé en chef qui doivent être envoyées tous les six mois, par le Commissaire des guerres, au Secrétaire d'État ayant le département de la Guerre & à l'Intendant de la Province.

9.

LES commissions de Chirurgiens-aides-majors & Sous-aides-majors, seront expédiées d'après l'autorisation du Secrétaire d'État ayant le département de la guerre, par les Intendans des Provinces, & par ceux des armées, lorsqu'elles seront rassemblées.

TITRE XXX.

Des Élèves-chirurgiens.

ARTICLE PREMIER.

LE Chirurgien-major commandera chaque jour deux Chirurgiens de garde dans les grands Hôpitaux & un dans les autres; lesquels, sous peine d'amende pour la première fois, & d'être congédiés pour la seconde, ne sortiront pas de l'Hôpital le jour de leur garde, pour être toujours à portée de remédier aux accidens qui peuvent

O

arriver en l'abfence du Chirurgien-major ou Aide-major le jour & la nuit; pour vifiter les malades qui entrent & les faire placer dans les falles qui leur font deftinées, par rapport à la nature de leurs maladies, & ordonner les remèdes qui leur font nécefaires, à quoi l'Apothicaire fe conformera.

2.

EN cas d'accidens graves & preffans, le Chirurgien de garde enverra avertir le Médecin ou le Chirurgien-major.

3.

LE Chirurgien de garde tiendra la main à ce que les Sentinelles & les Infirmiers faffent leur devoir pour empêcher les défordres, & il aura la plus grande attention à ce que les malades ou bleffés ne mangent aucun fruit ni autre chofe nuifible, & obfervent exactement le régime qui leur eft prefcrit.

4.

FAIT Sa Majefté défenfes à tous Chirurgiens d'emporter hors de l'Hôpital, de la charpie, des bandes, emplâtres & autres objets appartenans audit Hôpital, à peine de dix livres d'amende pour la première fois, & d'être congédiés en cas de récidive.

5.

TOUT Élève-chirurgien qui fera forti de l'Hôpital fans permiffion, ou qui en étant forti avec permiffion, y rentrera ivre, fera mis fur le champ en prifon, & condamné en fix livres d'amende pour la première fois, & en cas de récidive, fera chaffé de l'Hôpital.

6.

TOUT Chirurgien qui fera convaincu d'avoir retranché

ou fait retrancher, de fon autorité & fans motif, quelque
chofe de la portion d'un malade ou bleffé, fera condamné,
pour la première fois, en dix livres d'amende; & pour la
feconde, fera chaffé de l'Hôpital, fans efpérance d'y
pouvoir rentrer ni dans aucun autre.

7.

LES Élèves-chirurgiens qui auront vendu des alimens
aux malades ou bleffés, feront mis fur le champ en prifon,
& condamnés en dix livres d'amende, & en cas de récidive, feront chaffés de l'Hôpital.

8.

TOUT Élève-chirurgien convaincu de vol, friponnerie
ou malverfation, fera châtié févèrement, & même livré à
la Juftice fi le cas le requiert.

9.

LES appointemens des Chirurgiens-élèves font fixés à dix-
huit livres par mois, en fus de la nourriture qui fera paffée
dans les états de dépenfe au prix de la journée du Soldat.

10.

CES appointemens feront au compte du Roi, & payés
tous les deux mois, fans autre retenue que celle des quatre
deniers pour livre, par les Adminiftrateurs ou Entrepreneurs, qui emploiront cet objet de dépenfe dans leurs états.

11.

LE nombre des Élèves-chirurgiens employés dans
chaque Hôpital, y compris les Aides-majors & Sous-
aides-majors, fera fixé à raifon d'un pour dix Officiers, &
d'un pour vingt-cinq malades indiftinctement.

12.

UN Élève-chirurgien ne pouvant faire feul le fervice

de jour & de nuit dans un Hôpital, il en fera toujours maintenu deux, lors même que le nombre des malades tomberoit au-deſſous de vingt-cinq; à l'exception des Hôpitaux du cinquième ordre, qui ne ſont que des dépôts pour le traitement des Invalides, & où le Roi n'entretient qu'un Chirurgien.

13.

TOUS les Élèves-chirurgiens appointés dans les Hôpitaux militaires, ſeront tirés, autant qu'il ſera poſſible, des Amphithéâtres: en conſéquence, lors de la vacance d'une place d'Élève-chirurgien dans un Hôpital militaire, les Commiſſaires des guerres en informeront l'Intendant de la Province qui y pourvoira, en demandant, dans l'Amphithéâtre auquel reſſortit ledit Hôpital, un Sujet qui ſera choiſi par les Officiers de ſanté en chef des Hôpitaux où ſont les Amphithéâtres, leſquels les indiqueront à l'Intendant de la Province, & en ſon abſence, au Commiſſaire-ordonnateur des guerres, pour être pourvu ſans délai au remplacement.

14.

L'INTENTION de Sa Majeſté n'étant point de donner l'excluſion aux Élèves-chirurgiens & Apothicaires, qui n'ayant point ſuivi les Amphithéâtres auroient fait preuve de talens; les Commiſſaires des guerres ſeront autoriſés à admettre, dans ce cas (mais ſeulement lorſque les beſoins du ſervice l'exigeront), ſur la préſentation des Officiers de ſanté en chef, des Élèves employés dans d'autres établiſſemens que les Hôpitaux militaires, & en rendront compte à l'Intendant de la Province, ainſi que des motifs qui les auront déterminés.

15.

LES Chirurgiens-aides-majors, Sous-aides-majors & Élèves qui tomberont malades, seront traités dans l'Hôpital, & leurs journées seront payées conformément au traité, mais dans ce cas, leurs appointemens & nourriture cesseront d'être portés pendant ce temps, dans les états des Administrateurs ou Entrepreneurs.

16.

ENJOINT au surplus Sa Majesté à tous Élèves-chirurgiens, de se conformer aux articles de la présente Ordonnance, en ce qui les concerne, sous les peines y portées.

TITRE XXXI.

Des Apothicaires.

ARTICLE PREMIER.

L'APOTHICAIRE-MAJOR, les Aides-majors, Sous-aides-majors & Élèves-apothicaires se conformeront aux ordonnances du Médecin & du Chirurgien-major.

2.

VEUT & entend Sa Majesté que tout ce qui a été ordonné dans les titres précédens pour les Chirurgiens-majors, Aides-majors, Sous-aides-majors s'il y en a, & Élèves-chirurgiens, soit exécuté par rapport aux Apothicaires des mêmes grades.

3.

IL ne sera établi des Apothicaires-majors en chef, que

——————— dans les Hôpitaux du premier ordre dénommés dans l'état
TIT. XXXI. des Hôpitaux militaires, annexé à la présente Ordonnance.

4.

LES Apothicaires-majors des cinq Hôpitaux du premier ordre, auxquels font attachés des Amphithéâtres,
feront tenus de diriger le fervice en ce qui les concerne,
& d'y faire les Cours de Pharmacie, Chimie & Botanique dont ils font particulièrement chargés comme
Démonftrateurs.

5.

LES appointemens des Apothicaires-majors demeureront fixés à dix-huit cents livres par année, & leur feront
payés au compte du Roi, comme ceux des Médecins &
Chirurgiens-majors.

6.

DANS tous les autres Hôpitaux il ne fera employé
que des Apothicaires-aides-majors, Sous-aides-majors
ou Élèves, & ces grades ne leur feront accordés qu'ainfi
& de la même manière qu'il a été réglé pour les Éléves-
chirurgiens.

7.

LES places d'Apothicaires-majors dans les Hôpitaux
militaires du premier ordre, étant les feules auxquelles les
Élèves-apothicaires puiffent prétendre; Sa Majefté a
bien voulu en faveur de cette profeffion, qu'Elle defire
encourager, régler à cinquante livres par mois en fus de
la nourriture, les appointemens de vingt Aides-majors qui
feront employés dans les Hôpitaux militaires, des premier, fecond & troifième ordres, lefquels appointemens
feront payés tous les deux mois au compte du Roi,

par les Administrateurs ou Entrepreneurs des Hôpitaux
militaires.

8.

A l'égard de tous autres Apothicaires-aides-majors, Sous-aides-majors & Élèves, leur traitement sera & demeurera fixé comme celui des Chirurgiens des mêmes grades, & leur sera de même payé tous les deux mois, au compte du Roi, par lesdits Administrateurs ou Entrepreneurs.

9.

LE nombre des Apothicaires dans chaque Hôpital, y compris les Aides-majors & Sous-aides-majors, sera réglé à raison d'un pour cinquante malades indistinctement.

10.

ENJOINT au surplus Sa Majesté à tous Apothicaires, de quelque grade qu'ils puissent être, de se conformer aux articles de la présente Ordonnance, en ce qui les concerne, sous les peines y portées.

TITRE XXXII.
Des Portiers.

ARTICLE PREMIER.

LE Portier établi dans chaque Hôpital militaire, empêchera que personne n'y entre & n'en sorte, excepté ceux désignés dans la consigne que lui remettront le Commissaire des guerres, ou le Contrôleur, ou le Commis aux salles à défaut du Contrôleur.

2.

Il ne pourra refuser de se conformer à tout ce qui lui sera prescrit provisoirement par le Directeur, pour le service de l'Hôpital.

3.

Il ne permettra l'entrée d'aucunes denrées, boissons, fruits ou autres alimens que de ceux qui seront introduits par le Directeur pour le service, ou par les Officiers de l'Hôpital pour leur consommation particulière.

4.

Il aura le droit de fouiller à l'entrée, non-seulement tous les Infirmiers & Servans, mais encore les bas Officiers & Soldats, à qui l'entrée de l'Hôpital seroit permise, & tout ce qu'il saisira en contravention de l'article précédent, sera confisqué à son profit.

5.

Il pourra fouiller de même à la sortie, tous ceux qui lui seront suspects, saisira les choses qui pourroient appartenir au Roi & à l'Hôpital, consignera le coupable à la garde, & en fera rendre compte par les Commis aux salles, au Commissaire des guerres qui ordonnera ce qu'au cas appartiendra.

6.

La sentinelle & la garde de l'Hôpital, prêteront main-forte au Portier quand il le requerra.

7.

Toutes les places de Portiers, des Hôpitaux militaires, seront à l'avenir données à des Vétérans, par qui elles doivent être occupées.

8. Leurs

8.

LEURS gages demeureront fixés à douze livres par mois, en sus de la nourriture, au prix du marché pour la journée du Soldat, & leur seront payés, au compte du Roi, tous les deux mois, sans aucune déduction, par les Administrateurs ou Entrepreneurs, qui passeront cet objet de dépense dans leurs états.

9.

DANS le cas où les Directeurs auroient à se plaindre de la négligence ou de l'inconduite du Portier, ils en instruiront le Commissaire des guerres, qui après avoir vérifié les sujets de plaintes, en informera l'Intendant de la Province, ou, en son absence, le Commissaire-ordonnateur, pour que ce Portier soit renvoyé, sur les ordres du Secrétaire d'Etat de la Guerre, auquel il en sera rendu compte; & si le cas est grave, le Commissaire des guerres pourra même interdire sur le champ le Portier de ses fonctions, & le faire suppléer jusqu'à son remplacement.

TITRE XXXIII.

Des Infirmiers.

ARTICLE PREMIER.

LES Infirmiers employés dans chaque Hôpital pour le service des malades, obéiront aux ordres qui leur seront donnés par les Commissaires des guerres, Contrôleurs, Commis aux salles, Aumôniers, Officiers de santé & les Directeurs, chacun en ce qui les concerne.

P

2.

ILS seront immédiatement subordonnés aux Commis aux salles.

3.

ILS rendront compte de tout ce qui se passera dans l'Hôpital, tant de jour que de nuit, aux Commis aux salles, |qui en instruiront le Commissaire des guerres.

4.

IL sera commandé, pour être de garde & pour veiller pendant la nuit, dans chaque salle, un nombre suffisant d'Infirmiers, dans la proportion de celui des malades. L'ordre à cet égard sera donné par le Commissaire des guerres, ou, en son absence, par le Contrôleur, de concert avec le Médecin & le Chirurgien-major, ou par les Commis aux salles, sur l'avis desdits Officiers de santé.

5.

TOUT Infirmier de garde pendant la nuit, qui sera surpris endormi, sera condamné en vingt sous d'amende, & celui qui aura abandonné la salle sera chassé.

6.

TOUT Infirmier qui sera convaincu d'avoir traité les malades ou blessés avec négligence, dureté ou mépris, sera puni ou chassé, suivant l'exigence du cas.

7.

LES Infirmiers qui auront vendu des alimens aux malades ou blessés, seront mis sur le champ en prison & condamnés en six livres d'amende pour la première fois; & en cas de récidive, seront chassés de l'Hôpital, sans espérance d'y pouvoir rentrer, ni dans aucun autre.

8.

TOUT Infirmier qui fera convaincu d'avoir retranché ou fait retrancher quelque chofe de la portion d'un malade ou bleffé pour en augmenter la fienne, ou pour quelqu'autre motif, fera condamné en fix livres d'amende pour la première fois, & fera chaffé de l'Hôpital en cas de récidive.

9.

TOUT Infirmier qui fera forti de l'Hôpital fans permiffion, ou qui étant forti avec permiffion y rentrera ivre, fera mis en prifon & condamné en trois livres d'amende pour la première fois; & en cas de récidive, fera chaffé de l'Hôpital.

10.

TOUT Infirmier convaincu de vol, friponnerie ou malverfation, fera puni féverement, & même livré à la Juftice fi le cas le requiert.

11.

LES Infirmiers feront nourris dans l'Hôpital, à la portion du Soldat, & les journées de leur nourriture feront payées & employées dans les états de dépenfe fur le même pied; leur fait Sa Majefté défenfe d'emporter leurs portions hors de l'Hôpital pour les aller confommer dans les cabarets ou ailleurs, à peine de trois livres d'amende, & de plus grande en cas de récidive.

12.

LES gages des Infirmiers feront de dix livres par mois; ils en feront payés, au compte de Sa Majefté & fans aucune retenue, par l'Adminiftrateur ou Entrepreneur, qui emploîra cet objet de dépenfe dans les états de deux mois.

P ij

13.

LES Infirmiers feront vêtus d'une foubrevefte de toile brune, qui fera fournie par les Adminiftrateurs ou Entrepreneurs.

14.

ORDONNE Sa Majefté aux Commiffaires des guerres, de n'allouer les gages & nourritures que des Infirmiers qui auront été réellement employés.

15.

À la fin de chaque année, dans le procès-verbal d'Affemblée, il fera fait mention de ceux des Infirmiers qui auront bien mérité dans le cours de l'année, & en même temps le Commiffaire des guerres propofera les gratifications extraordinaires dont ils paroîtront fufceptibles.

16.

LORSQUE de longs fervices ou des infirmités qui en feroient les fuites, mettront les Infirmiers hors d'état de continuer leurs fonctions, veut bien Sa Majefté, leur accorder une retraite de cent vingt livres par année après vingt-cinq ans de fervice dans le même Hôpital, ou trente ans dans plufieurs Hôpitaux, ce qui fera conftaté par des certificats authentiques.

17.

LES Infirmiers feront propofés par l'Adminiftrateur ou Entrepreneur, & ne pourront être reçus, ni congédiés que de l'agrément du Commiffaire des guerres.

18.

LE nombre des Infirmiers fera réglé fur le pied de

Un Infirmier pour deux Officiers:
Un pour quinze malades, bleffés ou vénériens.

19.

UN feul infirmier ne pouvant faire continuellement le fervice de jour & de nuit dans les Hôpitaux, il y en aura toujours deux attachés au fervice de chaque Hôpital pour quinze malades & au-deffous, & il ne pourra en être paffé trois que lorfque le nombre des malades excédera celui de trente.

20.

LES Infirmiers qui tomberont malades, dans l'exercice de leurs fonctions, feront traités, au compte du Roi, dans l'Hôpital, fur le même pied que les Soldats; mais audit cas, leurs gages cefferont de courir, du jour de leur maladie, pour ne recommencer que de celui où lefdits Infirmiers rentreront en activité de fervice.

21.

LES Infirmiers des Hôpitaux fe conformeront exactement à tout ce qui leur eft enjoint par les articles de la préfente Ordonnance.

TITRE XXXIV.

De l'Affemblée des Officiers.

ARTICLE PREMIER.

TOUS les deux mois, le premier jour du mois fuivant, il fe fera une Affemblée, où fe trouveront le Commiffaire des guerres, ou en fon abfence le Major de la

Place, l'Aumônier, le Contrôleur, le Médecin, le Chirurgien-major & l'Apothicaire-major, dans laquelle Assemblée tous les Officiers proposeront ce qu'ils croiront convenable au bien du service.

2.

LE Médecin fera part à ladite Assemblée de ses observations sur les différens genres de maladies qu'il aura traitées, & le Chirurgien-major communiquera les siennes sur les plaies qu'il aura pansées, les opérations & ouvertures de cadavres qu'il aura faites; l'un & l'autre feront le détail le plus exact des maladies épidémiques, contagieuses & extraordinaires, s'il en règne, & des remèdes qu'ils auront reconnus les plus efficaces pour parvenir à leur guérison.

3.

INDÉPENDAMMENT des observations que doivent faire, dans cette Assemblée, les Officiers de santé sur les différens genres de maladies qu'ils ont traitées, ils seront tenus d'y rendre compte des hommes envoyés à l'Hôpital pour des indispositions & blessures légères, & dont ils auront sur le champ, prescrit la sortie; de l'état des malades sortis sans être guéris, durant les deux mois qui viendront de s'écouler; de l'état de ceux dont le séjour dans l'Hôpital auroit été prolongé au-delà de ce terme, & du nombre des hommes morts, en rapportant en marge les motifs auxquels ils attribuent ces différens effets.

4.

CE relevé, qui doit être extrait du registre qu'il leur est prescrit de tenir par le Titre qui les concerne, sera fait en forme d'état, divisé en autant d'articles qu'il contiendra d'observations.

5.

IL sera de plus rendu compte, dans cette Assemblée, des petites réparations reconnues nécessaires dans les Bâtimens; à l'égard desquelles les Commissaires des guerres procéderont comme il suit:

6.

LORSQUE les Bâtimens des Hôpitaux militaires, appartiendront au Roi, les Commissaires des guerres sont autorisés à ordonner l'exécution des réparations reconnues nécessaires dans ladite Assemblée jusqu'à la concurrence de la somme de trois cents livres par année & par Hôpital; & dans ce cas, lorsqu'elles auront été exécutées, il ordonnera au Directeur d'en faire le payement aux Ouvriers, & d'en employer le montant dans les états de dépense de chaque deux mois.

7.

POURRONT néanmoins les Commissaires des guerres faire exécuter lesdites réparations qui deviendroient urgentes, dans l'intervalle d'une Assemblée à l'autre.

8.

SI la dépense des réparations à faire se portoit au-delà de la somme de trois cents livres, les Commissaires des guerres en informeront les Intendans des Provinces, qui, dans le cas où lesdites réparations seroient urgentes, & néanmoins bornées, sont autorisés à en ordonner l'exécution, en même temps qu'ils en rendront compte au Secrétaire d'État ayant le département de la Guerre.

9.

LORSQUE lesdites réparations exigeront une dépense

plus confidérable, le Commandant de la Place en fera prévenu par le Commiffaire des guerres, & il donnera fon avis fur la néceffité defdites réparations, dont le devis fera adreffé à l'Intendant de la Province.

10.

LES adjudications feront faites, en préfence du Commandant de la Place, par le Commiffaire des guerres, fous l'autorifation de l'Intendant de la Province, qui ne les ordonnera qu'après avoir reçu celle du Secrétaire d'État ayant le département de la Guerre, auquel il en rendra compte ; & il ne fera procédé à l'exécution des ouvrages, qu'après que le marché en aura été approuvé.

11.

LORSQUE les bâtimens des Hôpitaux militaires, appartiendront à des particuliers qui les donnent à loyer, les Commiffaires des guerres, qui doivent avoir pardevers eux l'ampliation des baux, pour en furveiller l'exécution, auront foin de charger les propriétaires defdits bâtimens, d'y faire les réparations reconnues indifpenfablement néceffaires, dans ladite Affemblée, conformément aux claufes de leurs baux.

12.

DANS le cas où lefdits propriétaires refuferoient ou différeroient trop long-temps de les exécuter, les Commiffaires des guerres devront y faire procéder aux frais defdits propriétaires ; & d'après l'arrêté des dépenfes, vifé du Commiffaire-ordonnateur, & ordonnancé par l'Intendant de la Province, le montant en fera payé par le Tréforier, à charge de la retenue fur les loyers échus ou à échoir.

13.

IL fera enfuite dreſſé procès-verbal de tout ce qui aura été propoſé & obſervé dans ladite aſſemblée, auquel procès-verbal ſigneront le Commiſſaire des guerres ou Major de la Place, l'Aumônier, le Contrôleur, le Médecin, le Chirurgien-major & l'Apothicaire-major; & il en ſera envoyé une expédition au Secrétaire d'État ayant le département de la Guerre, & une pareille à l'Intendant de la province.

14.

DANS la dernière aſſemblée de chaque année, il ſera rendu compte des Infirmiers qui auront bien ſervi dans le cours de l'année, & ſtatué à cet égard ainſi qu'il eſt dit à l'article 15 du Titre XXXIII.

TITRE XXXV.

Des Inſpecteurs des Hôpitaux.

ARTICLE PREMIER.

LES Inſpecteurs des Hôpitaux, Intendans d'Armées, Commiſſaires-ordonnateurs & ordinaires, Médecins, Chirurgiens ou autres qui ſeront nommés par Sa Majeſté, veilleront, lors de leur inſpection, chacun en ce qui les concerne, à l'exécution de la préſente Ordonnance; dreſſeront des procès-verbaux de l'état dans lequel ils auront trouvé leſdits Hôpitaux, y feront mention des abus & contraventions qu'ils auront découverts, ainſi que des ordres qu'ils auront donnés pour y remédier, & enverront deux expéditions de chaque procès-verbal,

Q

une au Secrétaire d'État ayant le département de la Guerre, & l'autre à l'Intendant de la Province.

2.

L'INSPECTEUR, avant de fortir de l'Hôpital pour paffer dans un autre, laiffera au Commiffaire des guerres chargé de la police dudit Hôpital, une note des ordres qu'il aura donnés, de laquelle le Commiffaire lui donnera fon reçu fur le double qui en fera fait.

3.

LES Directeurs, Contrôleurs, Commis aux falles, Aumôniers, Médecins, Chirurgiens, Apothicaires, & géné-ralement tous les Employés des Hôpitaux, feront foumis aux ordres & à la juridiction des Infpecteurs : ces ordres feront exécutés par provifion & nonobftant tous autres, pourvu néanmoins qu'ils ne foient pas contraires à la préfente Ordonnance.

4.

SI l'Infpecteur, en faifant fa vifite, trouve des délits graves & des contraventions qui méritent châtiment, il pourra interdire & même faire arrêter les coupables, prendre les informations néceffaires, conftater les faits par un procès-verbal féparé, pour remettre & envoyer enfuite le tout à l'Intendant de la Province, qui ordonnera ce qu'il jugera convenable, felon les circonftances & la qualité du délit : il adreffera en même temps copie du tout au Secrétaire d'État ayant le département de la Guerre.

5.

SI l'Infpecteur eft Intendant d'armée ou Commiffaire des guerres, il entrera dans tous les détails concernant la police & la dépenfe des Hôpitaux, & fe fera repréfenter les regiſtres, tant du Directeur que des autres Officiers qui en doivent tenir, ſuivant la préſente Ordonnance; comme auſſi les états des mois précédens, fera dreſſer leſdits états, s'ils ne l'ont pas été, & les arrêtera.

6.

S'IL arrive que les Inſpecteurs ſe trouvent dans un Hôpital au jour indiqué pour l'aſſemblée des Officiers, ils y aſſiſteront : ils pourront même en convoquer une extraordinaire, s'ils le jugent à propos, pour inſtruire les Officiers des abus qu'ils auront obſervés & les rappeler à leur devoir.

7.

ENJOINT au ſurplus Sa Majeſté à ceux de ces Officiers qu'Elle chargera de l'inſpection des Hôpitaux, de ſe conformer aux articles de la préſente Ordonnance, chacun en ce qui les concerne, de les faire exécuter dans le cours de leurs viſites & de remplir exactement tout ce qui leur ſera preſcrit par les inſtructions particulières qui leur ſeront adreſſées par les ordres de Sa Majeſté.

8.

SA MAJESTÉ ſupprime les places de Médecinsinſpecteurs provinciaux, & ſe réſerve de charger extraordinairement des inſpections de Médecine & de Chirurgie qui pourroient devenir néceſſaires, ſoit les Médecins & Chirurgiens-majors des Hôpitaux militaires qui paroîtroient dignes de cette confiance, ſoit les Médecins de la Capitale & de la Cour que leur réputation y appelleroit.

9.

ENTEND néanmoins Sa Majeſté conſerver un Médecin-inſpecteur titulaire, pour correſpondre avec tous les

Officiers de santé des Hôpitaux militaires & pour diriger les Amphithéâtres :

Un Chirurgien-inspecteur titulaire, pour se concerter avec le Médecin-inspecteur sur toutes les parties qui le requerront :

Et un Apothicaire-major, subordonné au Médecin, pour veiller sur les Pharmacies.

10.

LEURS traitemens seront & demeureront fixés comme il suit :

Au Médecin-inspecteur, y compris les frais dont il est chargé . . . . 10000^{li}

Au Chirurgien-inspecteur . . . . 6000.

A l'Apothicaire-major . . . . 3600.

11.

LES observations que doivent adresser tous les trois mois au Secrétaire d'Etat ayant le département de la Guerre, les Officiers de santé des Hôpitaux militaires, seront renvoyées au Médecin-inspecteur, qui sera tenu de les examiner, de communiquer au Chirurgien-inspecteur toutes celles qui le concernent, pour avoir son avis par écrit, & d'entretenir avec tous les Officiers de santé une correspondance exacte qui serve à multiplier les lumières que fait naître l'observation.

12.

INDÉPENDAMMENT de la correspondance du Médecin-inspecteur avec les Officiers de santé des Hôpitaux militaires, il sera encore tenu de diriger les Cours des Amphithéâtres par ses instructions, auxquelles il joindra celles

125

du Chirurgien-inspecteur & de l'Apothicaire-major, pour les parties qui le requerront.

13.

IL tiendra un registre exact de tous les Élèves surnuméraires qui y seront admis, à la suite duquel il inscrira aussi les Élèves appointés dans les Hôpitaux militaires, avec les notes qui seront fournies tous les six mois sur chacun d'eux, par les Officiers de santé en chef; lesquelles notes ayant été adressées directement au Secrétaire d'État de la Guerre, seront renvoyées par ses ordres au Médecin-inspecteur, pour qu'après en avoir conféré avec le Chirurgien-inspecteur & l'Apothicaire-major, relativement à leurs fonctions, il puisse proposer l'avancement des Sujets qui en seront susceptibles.

14.

POUR seconder le Médecin-inspecteur dans tous les détails de cette correspondance, il y sera attaché un ancien Médecin des Hôpitaux militaires, sous le titre de Premier Médecin-consultant des Camps & Armées.

15.

LE traitement du premier Médecin-consultant des Camps & Armées, attaché à la correspondance, y compris ses frais, sera & demeurera fixé à cinq mille livres par an.

16.

A la suite de chaque Trimestre, lorsque les observations envoyées par les Officiers de santé des Hôpitaux militaires auront été examinées, le Médecin-inspecteur devra les remettre au Secrétaire d'État de la Guerre, & lui rendre compte de ceux de ces Officiers de santé dont le zèle & les talens lui paroîtront remarquables, ainsi que de l'opinion du Chirurgien-inspecteur sur les Sujets qu'il peut juger.

17.

LES observations qui pourront devenir utiles, seront consignées dans un Journal de Médecine, Chirurgie & Pharmacie militaire, imprimé aux frais du Roi, de la rédaction duquel sera toujours chargé un ancien Médecin des Hôpitaux militaires, avec Brevet de Médecin-consultant des Armées, & où seront nominativement désignés les Médecins & Chirurgiens-majors des Hôpitaux & des Régimens, qui les auront faites.

18.

LE traitement du Médecin-consultant, rédacteur de ce Journal, y compris ses frais, sera & demeurera fixé à quatre mille livres par an.

19.

CE Journal, qui paroîtra tous les trois mois, ne sera imprimé que sur l'approbation de la Société royale de Médecine que Sa Majesté commet à cet effet.

TITRE XXXVI.
Des Hôpitaux de Charité.
ARTICLE PREMIER.

LES Hôpitaux de Charité, sur le pied militaire, se conformeront aux dispositions de la présente Ordonnance, en tout ce qui concerne le traitement des Soldats malades; voulant Sa Majesté que les mêmes formes de service &

de comptabilité y foient obfervées, & que les Commif-

faires des guerres y exercent la même police que dans les Hôpitaux purement militaires.

2.

LES Adminiftrateurs & Directeurs des Hôpitaux de charité, qui ne font point fur le pied militaire, fe con-formeront auffi aux difpofitions de la préfente Ordonnance, notamment en ce qui concerne la réception à l'Hôpital, des Soldats, Cavaliers, Chevaux-légers, Huffards, Dragons ou Chaffeurs à cheval, & les vifites des Médecins & Chirurgiens.

3.

ORDONNE Sa Majefté, qu'autant qu'il pourra fe trouver d'emplacemens fuffifans dans lefdits Hôpitaux de charité, les Soldats malades foient placés dans des falles différentes de celles où font traités les habitans, & que fi cette difpofition étoit impoffible, il leur foit du moins affigné un rang ou une partie de la falle pour y être traités féparément.

4.

DÉFEND Sa Majefté aux Adminiftrateurs defdits Hôpi-taux de charité, de recevoir des Soldats détournés de la route que prefcrit leur deftination, ni de conferver dans leurs établiffemens des Soldats, qui feroient en état de rejoindre leur Corps; les Intendans des Provinces donne-ront les ordres les plus précis aux Commiffaires des guerres, s'il y en a dans les Places, & à leur défaut, à leurs Subdé-légués de tenir la main à l'exécution du préfent article.

5.

DANS le cas cependant où un Soldat détourné de fa route, auroit abfolument befoin d'être traité à l'Hôpital,

Sa Majesté autorise les Commiffaires des guerres & les Subdélégués, à lui expédier des billets d'entrée, mais Elle leur enjoint en même temps de le faire configner à l'Hôpital, & d'en prévenir le Commandant de la Maréchauffée du lieu.

6.

LES Intendans veilleront auffi à ce que les Adminiftrateurs des Hôpitaux de charité, aient foin d'adreffer exactement au Secrétaire d'État ayant le département de la Guerre, l'extrait mortuaire des Soldats qui feront décédés dans lefdits Hôpitaux, immédiatement après leur décès.

7.

LE prix des journées du traitement, fera payé fuivant les conventions faites avec les Adminiftrateurs defdits Hôpitaux, par les Intendans des Provinces, comme par le paffé, & ce, fur des états & pièces juftificatives dans la forme prefcrite.

8.

DANS le nombre des Hôpitaux de charité du royaume où les Soldats continueront d'être reçus & traités comme par le paffé, Sa Majefté a jugé à propos d'attacher plus particuliérement au fervice de fes Troupes, les Hôpitaux de charité défignés dans l'état nominatif, annexé à la préfente Ordonnance, ainfi que les Officiers de fanté qui y feront employés en chef.

9.

LE traitement defdits Officiers de fanté fera & demeurera fixé à cent vingt livres par année pour le Médecin en chef, & à cent vingt livres pour le Chirurgien en chef, indépendamment des gratifications extraordinaires

qu'ils

qu'ils pourront mériter par la nature & l'importance de
leurs services, & qui leur seront accordées sur le rapport TIT. XXXVI.
des Intendans.

10.

CE traitement sera payé auxdits Officiers de santé, sur
les ordres qui seront adressés pour cet effet aux Intendans.

11.

A l'égard des Officiers de santé attachés aux autres
Hôpitaux de charité, situés dans les Villes dont il n'est
point fait mention dans l'état nominatif des Hôpitaux,
ci annexé, il leur sera accordé des gratifications extraordinaires, en raison du séjour accidentel des Troupes,
sur le rapport des Intendans des Provinces.

12.

SE réserve Sa Majesté dans les cas extraordinaires qui
exigeront un service plus étendu, d'y pourvoir, en envoyant
alors, sur la demande des Intendans, des Officiers de
santé entretenus à ses frais, pour aider le service des
Hôpitaux de charité, & d'accorder aussi, dans ces cas
extraordinaires, des distinctions & des gratifications aux
Médecins & Chirurgiens desdits Hôpitaux qui auront
donné des preuves plus particulières de zèle & d'assiduité
à soigner les malades de ses Troupes.

13.

LES Officiers de santé des Hôpitaux de charité du
Royaume, seront également tenus d'adresser tous les trois
mois, au Secrétaire d'Etat ayant le département de la
Guerre, leurs observations sur les maladies des Soldats
qui y seront reçus; pour être, lesdites observations,
renvoyées à l'Inspecteur général des Hôpitaux civils, qui

R

en rendra compte directement audit Secrétaire d'État ayant le département de la Guerre.

TITRE XXXVII.
Des Chirurgiens-majors des Régimens.
ARTICLE PREMIER.

LES Chirurgiens-majors des Régimens sont établis pour veiller sur la santé des Soldats dont le soin leur est confié ; pour empêcher qu'elle ne s'altère ; pour traiter leurs indispositions ou blessures légères, & prévenir par-là les maladies qui pourroient s'aggraver ; leurs fonctions se trouvent ainsi liées à celles des Officiers de santé des Hôpitaux militaires dont ils font partie.

2.

ILS seront tenus de visiter les Soldats de recrue, lors de leur arrivée au régiment, & avant qu'ils soient présentés au Commissaire des guerres pour être inscrits sur les contrôles, afin de juger s'ils n'ont aucune des infirmités telles que la pulmonie, les vices scrophuleux, les hernies ou autres défectuosités qui doivent les faire exclure du service, & d'en faire leur rapport par écrit au Commandant du régiment.

3.

IL ne sera accordé à l'avenir aucun congé de semestre limité ou absolu, aux Soldats, Cavaliers, Chevaux-légers, Hussards, Dragons ou Chasseurs à cheval, qu'après que les Chirurgiens-majors auront reconnu & déclaré que lesdits Soldats ne sont point attaqués de maladie vénérienne. Il sera fait mention de cette attestation sur les cartouches des congés.

4.

IL sera fait, par le Chirurgien-major de chaque régiment, de fréquentes visites dans les chambrées aux heures prescrites par les Commandans des Corps, qui le feront accompagner par les bas Officiers chargés de tenir la main à l'exécution de tout ce qu'il jugera devoir prescrire sous l'autorité du Commandant du régiment.

5.

IL portera son attention sur la salubrité des casernes, sur le régime des Soldats, sur les Eaux, & sur tous les objets qui intéressent la santé des Troupes.

6.

IL aura soin, lors de ses visites du matin, dans les chambres, d'examiner aussi très-scrupuleusement tous les Soldats, pour remédier promptement aux indispositions qu'il leur découvriroit, soit en traitant lui-même à temps toutes celles qui par leur nature lui sont réservées, soit en envoyant tout de suite à l'Hôpital les Soldats attaqués de maladies qui pourroient s'aggraver.

7.

NE pourra se dispenser, le Chirurgien-major, de se transporter souvent à l'Hôpital du lieu; de suivre, sous les yeux des Officiers de santé, le traitement des malades, & notamment de ceux du régiment auquel il est attaché, à l'égard desquels il sera part auxdits Officiers de santé, des observations qu'il pourroit avoir faites sur leur tempérament, leurs mœurs, leur caractère.

8.

IL vivra en bonne intelligence avec les Officiers de santé de l'Hôpital de la garnison, dans lequel au surplus il ne pourra rien ordonner.

9.

LORS de la saison, où il est d'usage d'envoyer aux Eaux minérales les Soldats qui peuvent en avoir besoin, il s'assemblera avec les Officiers de santé des Hôpitaux, pour déterminer ceux des Soldats auxquels les Eaux deviendroient absolument nécessaires; & sous aucun prétexte, il ne donnera de certificats à ce sujet, qu'en pleine connoissance de cause : Sa Majesté le rendant responsable de tous les abus auxquels il pourra donner lieu par la moindre complaisance.

10.

LES Chirurgiens-majors seront choisis conformément au Règlement de ce jour, concernant les Amphithéâtres.

11.

LEURS traitemens seront & demeureront fixés tels qu'ils sont, ou seront réglés dans les Ordonnances relatives à la composition des Corps auxquels ils sont attachés.

12.

IL leur sera accordé une retraite de quatre cents livres, après vingt-cinq ans de service, & de six cents livres après trente années de service bien constatées, à moins que lesdits Chirurgiens-majors qui seroient encore en état de servir, ne préferassent d'occuper une place de Chirurgien-major dans les Hôpitaux militaires, laquelle audit cas, leur sera donnée de préférence à tous autres.

ENJOINT Sa Majesté à tous Soldats, Cavaliers, Chevaux-légers, Hussards, Dragons ou Chasseurs à cheval, de porter honneur & respect auxdits Chirurgiens-majors, à peine de punition exemplaire.

MANDE & ordonne Sa Majesté aux Commandans & Intendans des Provinces, aux Intendans des Armées, aux Commandans des Places, aux Commissaires des guerres, aux Officiers de ses Troupes, & à tous autres qu'il appartiendra, de se conformer à la présente Ordonnance, & de tenir la main à son exécution qui aura lieu à commencer au 1.er Juillet prochain; annullant, Sa Majesté, à dater dudit jour 1.er Juillet, tous Règlemens & Ordonnances précédemment rendus sur le service des Hôpitaux militaires.

FAIT à Marly le deux mai mil sept cent quatre-vingt-un. *Signé* LOUIS. *Et plus bas,* SEGUR.

TABLE ALPHABÉTIQUE
DES MATIÈRES.

A

TABLE DES MATIÈRES.

S